UPCYCLING FESTIVAL

Chantal Hincker

Upcycling Festival

La révolution de l'économie circulaire et de la seconde vie des objets

Préface de Teddy Follenfant

L'Harmattan

5-7, rue de l'École-Polytechnique, 75005 Paris

http://www.editions-harmattan.fr

ISBN : 978-2-14-030276-3
EAN : 9782140302763

Avertissement

Cet ouvrage rend compte des interventions d'acteurs de l'upcycling, artistes ou professionnels l'Upcycling Festival de L'Isle sur la Sorgue. Il a été écrit à partir des vidéos d'Upcycling TV, d'articles divers, de comptes-rendus médiatiques et de publications d'organisations institutionnelles. La liste en est produite en fin d'ouvrage.

Les droits d'auteur sont intégralement destinés à l'Association Upcycling Festival ©

Préface de Teddy Follenfant

Depuis 1993, j'ai été l'un des premiers journalistes à m'intéresser aux problèmes environnementaux. Après le *Sommet de la Terre* de 1992, je suis arrivé à Paris, et j'ai commencé des émissions sur **les problématiques environnementales** chez BFM. A cette époque, les patrons ne croyaient pas du tout aux problématiques environnementales, mais les émissions ont eu beaucoup de succès. En 15 ans d'émission, les plus grands patrons sont venus dans mes émissions. J'ai publié trois livres avec cette matière neuve à l'époque.

De l'environnement, on est passé très vite au concept de développement durable, avec ses trois piliers, économique, social, environnemental. On a eu du mal en France à imposer ce concept, parce que vraiment personne n'y croyait, ni ne comprenait d'ailleurs. Contre toute attente, c'est quand même monté en puissance.

Tout de suite après, on a parlé d'économie circulaire. En fait tous ces concepts s'entremêlent car ils sont très liés. Le grand mot d'ordre de l'économie circulaire, c'était « ***du berceau à la tombe*** », ce qui veut dire que l'on fait attention à la conception d'un produit, on parle d'éco-conception, jusqu'à la fin de sa vie. C'est dans ce sens qu'initialement l'économie est, de fait, circulaire.

Dans le cadre de cette économie circulaire du berceau à la tombe, on trouve plus tard le concept de l'upcycling ou du surcycling, c'est exactement la même chose. Aujourd'hui, on ne peut plus parler d'effet de mode. Le concept de la RSE, responsabilité sociétale de l'entreprise, monte en puissance. L'upcycling entre dans les préoccupations de la RSE, car cela peut créer des emplois. C'est bien la responsabilité des entreprises de créer des emplois. Sous l'impulsion de la RSE, et au vu de ces opportunités d'emplois et d'économie, on en arrive à se poser la question de savoir comment industrialiser le concept de l'upcycling. **L'enjeu est là : comment industrialiser l'upcycling afin de créer des emplois ?** La grosse difficulté actuellement – d'où nos manifestations à Lyon et L'Isle sur la Sorgue – c'est de démontrer aux startups qu'en alliance avec des grands groupes industriels comme SUEZ, VEOLIA, ou ACCOR, elles peuvent industrialiser leur pratique de l'upcycling et créer des emplois. **De mon point de vue, le point fort de l'upcycling, c'est la création d'emploi.**

Je n'aime pas beaucoup cette phrase, « faire du neuf avec du vieux » pour expliquer l'upcycling. C'est réducteur. Cela dit, si je schématise avec une image, je prends le vieux rideau de ma mémé et je le transforme en robe sublime, c'est de l'upcycling. Soit dit en passant, Coco Chanel a démarré de cette façon. Mais ça ne reste que des productions limitées. Ce n'est pas de l'industrialisation car cela ne créé pas forcément de l'emploi.

C'est le secteur de la mode qui s'est emparé le premier de l'upcycling, et, là, nous pouvons parler de phénomène de mode, au sens premier du terme si je peux dire. Aujourd'hui la filière réfléchit à l'industrialisation de l'upcycling dans le textile et de la mode, avec cette perspective de créer de l'emploi. Les exemples que vous trouverez dans ce livre relatent ce formidable élan.

Alors le grand intérêt de l'upcycling c'est, à partir de tout produit usagé, qu'ils soient métaux, bois, plastiques, textiles, technologiques, on fait de la récupération, autrement ils seraient enfouis ou incinérés, et on en fait de nouveaux objets. C'est maintenant le process engagé partout dans le monde, et la seule voie possible il me semble, si on ne veut pas aller dans le mur. Comment les grands groupes industriels peuvent-ils s'allier avec des startups ou des créateurs, récupérer des stocks de déchets pour en faire des produits qui seront vendus à nouveau ? C'est pourquoi l'upcycling ce n'est pas exactement faire du neuf avec du vieux ; c'est partir de matériaux destinés aux déchetteries pour en faire des produits sympathiques, créatifs, tout en créant des emplois. IKEA, notamment, a bien compris cela et s'est lancé à fond dans la problématique. De la même façon le groupe ACCOR a créé sa chaîne d'hôtel GREET HOTEL, en commençant par Lyon et Marseille, en faisant très attention à la conception de ses hôtels, aux matériaux utilisés dans la construction comme dans la décoration, et aux modes de consommation des clients qui recherchent cette approche, notamment les jeunes. C'est aussi un concept d'éthique, il s'agit d'éviter la surconsommation et en même temps de créer des emplois.

La tendance s'affirme sérieusement mais encore faut-il modéliser l'industrialisation de l'upcycling, sinon on en restera à un effet de mode.

Lors de nos événements de l'Upcycling Festival, nous avons fait rentrer des grands groupes, dont VEOLIA, qui travaillent pleinement cette problématique. Ils n'en sont qu'au début. Ils recherchent comment trouver des process pour améliorer les volumes de production des objets upcyclés, et leur fiabilité, avec toutes les exigences de sécurité qui entourent un processus d'industrialisation.

En résumé l'upcycling c'est de la création d'emploi, des économies d'énergies, du lien social. Les enjeux sont énormes. Par exemple, la société MIX URBAIN à Gardanne, recycle des déchets plastiques pour en faire du mobilier de jardin et de bureau pour les collectivités locales. Ils ont industrialisé leur process de fabrication, ce qui leur permet de proposer des espaces urbains design en matériel recyclé et recyclable, donc upcyclé, qui réduit l'empreinte environnementale de ces collectivités. Marseille, Avignon, Nîmes, Coudoux, Rognes, Sisteron ont déjà répondu à l'appel. Voilà des niches d'emplois innovants !

Plusieurs événements ont lieu actuellement autour de l'upcycling en France et ailleurs. Faisons attention à ne pas enfermer le concept dans le monde des créateurs. Nous avons besoin des créateurs, bien sûr, mais il faut focaliser notre attention sur ce qui se fait, de tout à fait nouveau, au sein des grandes entreprises qui s'associent avec des startups pour développer le processus de l'industrialisation de l'upcycling. Nous en sommes au stade des témoignages d'expériences, il va falloir modéliser. Pour cela, **il faut que les industriels comprennent que c'est un phénomène d'éthique, de baisse de la surconsommation. Les enjeux du troisième millénaire, ce n'est pas consommer moins, c'est consommer mieux.** L'upcycling se situe dans cette dimension. On est en plein dans **l'actualité de la transition énergétique**.

A la base de l'industrialisation de l'upcycling, **il y a un gros problème de collecte.** On a besoin d'associations d'intérêt collectif comme EMMAUS qui collecte des tonnes de produits, et signe actuellement des partenariats avec des grosses entreprises. Ils savent collecter, c'est important. Plus on aura d'organisations sérieuses comme EMMAUS qui savent collecter, plus on arrivera à ce process industrialisation de l'upcycling. Alors, la boucle sera bouclée.

Il y a trente ans, la seule collecte qui a bien fonctionné c'est celle du verre parce que cette collecte a été associée à une superbe campagne de sensibilisation à la lutte contre le cancer. Cela a fait sens pour la population au-delà de la conscientisation. **On a besoin d'associer des réseaux de collecte à de grandes campagnes de sensibilisation sur la nécessité des réductions énergétiques, sur l'aide**

alimentaire dans le commerce de proximité,etc, on pourrait sans doute activer la conscientisation.

En conclusion, je voudrais répéter que l'upcycling est un moteur de création d'emplois. Les grands groupes industriels y travaillent car ils savent qu'ils vont créer de la richesse en économisant les ressources. **Nous en sommes au stade du changement de paradigme. Une nouvelle révolution industrielle est en cours. Faut y aller !**

Teddy Follenfant

Teddy Follenfant a été l'un des premiers Conseillers Développement Durable en France et en Europe depuis 1992 (date du 1er Sommet de la Terre) pour de nombreuses entreprises et collectivités. Animateur de l'émission journalière *BFM Environnement* de 1993 à 2003, il a reçu plus de 5 000 décideurs dans ses émissions. Auteur des livres *Développement durable, 21 patrons s'engagent*, en 2002, et *5 ans après, Patrons, qu'avez-vous fait ?* en 2007 aux éditions du Cherche-Midi. Ses livres sont une référence dans le domaine du Développement Durable. Il est actuellement Producteur/Animateur de plusieurs émissions sur RCF Vaucluse.

Avant-propos

En 2020, le premier Festival international d'Upcycling s'ouvre au Village des Antiquaires de la Gare, à l'Isle sur la Sorgue. C'est un site emblématique dans le domaine de l'antiquité, de la brocante de l'art et de l'objet d'exception. C'est le plus grand et le plus ancien regroupement d'Antiquaires de la ville. Avec une centaine d'antiquaires, un café-restaurant, une place événementielle, aux portes de la gare – lieu d'échanges, de mouvement et d'énergie par définition - je ressens la forte vibration énergétique de ce lieu et son formidable potentiel. Passionné par les beaux objets, j'en ai fait l'acquisition.

Au-delà de la gestion des activités du Village, je me mets rapidement en quête de l'animer grâce à une programmation événementielle qui se développe d'année en année. Toute programmation événementielle ne peut réussir qu'en s'appuyant sur des fondamentaux solides, qu'ils soient liés à la nature intrinsèque du lieu ou aux faits sociétaux interpelant le public à un instant T.

Au Village, j'ai cherché à comprendre l'ADN de ce lieu afin de le mettre en valeur, j'ai envie de dire afin de le magnifier. Or, quel est-il cet ADN ? C'est évidemment l'objet d'exception, la recherche de l'excellence, la vie du bel objet. Mes échanges avec les antiquaires, les artisans, les artistes qui exposent, m'ont rapidement conduit à la notion de seconde vie des objets. C'est un fait, les objets sont créés à une époque, dans un contexte donné, vieillissent, leur beauté demeure teintée de la nostalgie du passé, et un jour, quelqu'un les relooke, les détourne, ou les transforme et les met en scène dans sa boutique pour la joie d'offrir une seconde vie. Au Village des antiquaires, une foultitude d'objets renaît sous une autre forme pour le plus grand plaisir des visiteurs et la fierté légitime des exposants. Le bel objet transformé resplendit dans sa nouveauté, attisant le désir du visiteur qui tourne autour, l'admire sous toutes ses facettes et discute avec l'exposant, plein de curiosité.

Voilà la magie du Village des Antiquaires de la Gare ! Celle aussi des quatre autres villages d'antiquaires dans notre ville provençale, devenue ville-monde, où plus de 500 000 visiteurs se pressent chaque année à nos grandes Foires Internationales. J'aime cette idée de seconde vie, qui ne perd rien à sa beauté initiale, et qui s'inscrit dans l'exception. C'est un joli tour de force, car si l'on y réfléchit un peu, beaucoup ignorent le charme de la seconde vie des objets. Dans leur tournure d'esprit plus conventionnelle, c'est avant tout un objet de seconde main. C'est vrai que dans l'histoire de nos sociétés, un objet de seconde main est plutôt appréhendé comme un objet dévalorisé par l'usure, un objet de nécessiteux. La société de consommation à outrance a fétichisé l'objet neuf, que l'on jette, que l'on change au plus vite pour acquérir le modèle supérieur, fétiche bien plus excitant. Société « *kleenex* » où tout se jette, épuisant les ressources de notre planète, aggravant les émissions de CO2, provoquant un réchauffement climatique longtemps nié et mettant gravement en péril aujourd'hui l'espèce humaine. Dans ce contexte social déprimé, les beaux objets du Village des Antiquaires brillent de créativité facétieuse, et ouvrent silencieusement des lucarnes dans notre conscience endormie.

Mais, me direz-vous, comment vous est venue cette idée de créer l'Upcycling Festival?

Le Village des Antiquaires de la Gare est un lieu de rencontres originales mais aussi de retrouvaille des amis de longue date. Parmi ces derniers, se trouve mon ami Teddy Follenfant avec qui j'aime déjeuner au restaurant du Village. Combien d'heures avons-nous passées à commenter la marche du monde ? Je ne saurais le dire. Je lui parle de ma passion du bel objet, de cette joie indicible que suscite le bel objet. Journaliste au fait de l'actualité qui émaille les transformations de notre société, écologiste de la première heure, pionnier du développement durable, il me parle de l'urgence de donner une seconde vie aux objets, et plus encore aux matières qui les constitue, afin de soulager la planète et sa population mondiale qui consomme toujours plus. Portés par notre enthousiasme, nous lançons un jour l'idée de créer un premier Festival de l'Upcycling, au Village, dans ce lieu emblématique de l'objet d'exception. Professionnel aguerri au développement de projets, je mobilise mes équipes qui répondent avec la même motivation que nous.

Le premier Ucycling Festival a donc eu lieu du 23 au 26 octobre 2020. Dans un espace dédié de 700 M², une trentaine d'exposants, artistes et artisans ont présenté leur travail basé sur le surcyclage de matériaux bruts dans les domaines variés de la Déco, la mode, le Design, l'art et l'Habitat.

Le succès est au rendez-vous. 20 000 visiteurs participent aux conférences, aux tables rondes, aux ateliers créatifs pour adultes et enfants, et admirent les performances artistiques aussi étonnantes que belles. La question de l'économie circulaire est au cœur des débats. L'ami Teddy Follenfant anime les débats avec sa bonhommie et son professionnalisme habituel. Notre page Facebook relaie tous les enregistrements vidéo. Une demande se fait jour : poursuivre la réflexion au-delà du Festival, faire des études concrètes, communiquer, et surtout se retrouver l'année suivante. Une webTv est créée, Upcycling Tv, proposant une émission mensuelle qui relate diverses interviewes d'acteurs de l'upcycling.

Encouragés par le vif intérêt du public, nous réalisons une seconde édition. La manifestation s'amplifie. D'une part, elle est grand public comme précédemment ; cette fois 50 000 visiteurs se pressent au parc Gautier de l'Isle sur la Sorgue - ce nouveau lieu qui accueille une grande exposition sur l'Upcycling- ainsi que dans un espace dédié aux ateliers démonstratifs et participatifs. Il est vrai que nous avons inscrit l'événement en concomitance avec la III ème Foire Internationale d'Antiquités-Brocante.

D'autre part, elle devient un rendez-vous professionnel ; des rendez-vous B2B se prennent entre les principaux acteurs du secteur du recyclage, des initiations et accompagnements vers l'upcycling sont proposés par des experts.

Au nombre de 90, les exposants sont beaucoup plus nombreux cette seconde année. Enfin l'internationalisation de l'événement se confirme avec la participation de 10 pays.

En termes de contenus, la seconde édition du festival prolonge le thème de l'économie circulaire, pilier de l'upcycling. Les conférenciers, les participants aux tables rondes abordent la question des modèles économiques de la seconde vie, celle de l'éco-conception, des stratégies d'entreprises adoptant l'upcycling dans leur processus de production, la problématique du textile, la valorisation des déchets industriels, et la nécessité d'opérer sur le mode de l'intelligence collective, levier efficient de la mise en place d'une filière de revalorisation. Une mine d'informations qui démontrent par leur variété qu'un nouveau paradigme économique et social est en train d'émerger en France, en Europe mais aussi un peu partout dans le monde (même s'il y a naturellement des retardataires !). C'est un modèle de société constructif, plus juste aussi, qui s'accroît dans le temps, et auquel nous souhaitons donner de la visibilité.

La troisième édition de l'Upcycling Festival, B2C, va avoir lieu cette année 2022, du 29 octobre au 1er novembre, à l'Isle sur la Sorgue, afin de faire la promotion de l'upcycling dans tous ses états. L'événement a pris ses marques, a son public – un public en constante augmentation -, il est porteur d'espoir. Cela nous fait du bien en ce moment ! Mais il ne convient pas de s'en tenir à se faire du bien, nous devons concrétiser les avancées de ce mouvement de fond, passer à l'action de façon collective.

Comme toujours, à l'aune de l'histoire sociale, les artisans et artistes sont parmi les premiers à recycler, puis à surcycler, et cela depuis très longtemps, dans le monde entier. Les citoyens s'initient, modifient leurs pratiques de vie, conscients de l'épuisement de notre planète. Une évaluation environnementale du recyclage en France du syndicat professionnel des entreprises du recyclage (FEDEREC) nous rappelle qu'à l'horizon 2050 nous devrions être 9 milliards à consommer toujours plus de ressources et à exercer une pression toujours plus forte sur la planète.

Alors, comment passer de l'artisanat, des expériences singulières et innovantes à une industrialisation de l'upcycling ? Cette question soulève la nécessité absolue de modifier nos modèles de production et de consommation. C'est pourquoi, nous avons souhaité compléter notre troisième Upcycling Festival par **une journée UPCYCLING SUMMIT B2B, le 27 Octobre 2022 à Lyon**, ville au tissu économique très actif. Des professionnels dans tous les domaines de l'industrie vont partager les solutions qu'ils ont mises en œuvre, les difficultés rencontrées, et les résultats encourageants obtenus.

Que de matière, me direz-vous ! Nous en sommes conscients, nous-mêmes happés par le désir de suivre, de comprendre et d'intégrer à nos modes de vie ces informations innovantes qui émergent d'un peu partout. C'est pourquoi nous avons pensé qu'il serait utile de synthétiser les points d'avancée des réflexions partagées par des acteurs très divers lors des deux premiers festivals et de proposer ce livre.

L'urgence climatique nous rappelle que chacun doit faire sa part aujourd'hui, particuliers, organisations, collectivités, gouvernances afin de soulager notre planète sur la pente du burnout. Je remercie chaleureusement l'équipe de l'Upcycling Festival pour son investissement. A travers cet événement, nous souhaitons rendre visible, croiser les échanges, les rencontres, ouvrir des opportunités, comme autant de façons d'AGIR dans le mouvement dynamique de l'intelligence collective auquel nous croyons.

Jacques Chalvin
Co-Fondateur de l'Upcycling Festival

Première partie
Un festival grand public
Coup de projecteur sur de nouvelles pratiques artistiques, économiques et sociales

Introduction

En octobre 2020, ma curiosité écologique m'a poussée à venir à la première édition du Festival International de l'Upcycling au Village des Antiquaires de la Gare. Teddy Follenfant m'a présenté Jacques Chalvin, qui, en tant qu'organisateur, veillait scrupuleusement à la bonne marche de l'événement.

Bel événement ! des artistes, des exposants, des tables rondes animées par Teddy Follenfant, des conférenciers, un public aussi curieux que moi. Beaucoup de bonnes vibrations et de bonne humeur dans ce grand bâtiment en rénovation du Village des Antiquaires. Les contenus étaient passionnants, je suis revenue l'année d'après à la seconde édition.

Ce concept d'upcycling était décidément étonnant, relativement peu employé dans les médias en 2020. Pourtant les intervenants avaient l'air compétents en la matière depuis un moment déjà. Les artistes, je comprenais bien, faire du beau avec rien, ça les connaît, c'est même l'un des ressorts de leur créativité. Les créateurs, les créatrices en grand nombre qui ouvraient des ateliers d'objets du quotidien upcyclés et les commercialisaient sur commande, c'était moins attendu. Quant à ce jeune entrepreneur marseillais qui fabriquait du cuir marin à partir de peaux de poisson récupérées dans les restaurants de sushis, il m'a carrément espantée comme on dit en Provence.

Les échanges libres avec les exposants ont titillé ma déformation professionnelle de psychosociologue du changement social dans les organisations publiques et privées. Il se passait quelque chose, il me fallait comprendre. C'est quoi ce terme anglais, on n'a pas d'équivalent en français ? Encore un mot à la mode ? Certains exposants m'ont dit, oui, mais c'est un effet de mode très positif, il est utile et il dégage des parts de marché. Les plus écologistes m'ont répondu, non, vous allez voir, c'est un mouvement de fond qui va s'amplifier.

Trois ans plus tard, le terme circule partout sur les réseaux sociaux. Je l'ai mis en *alerte Google*, je suis inondée d'articles qui vous expliquent ce que cela veut dire, comment ça fonctionne, quelle société le met en œuvre. Mais rien de suffisamment clair tout compte-fait. On mélange les termes de recyclage, surcyclage et upcycling, et on a l'impression que l'on parle de la même chose à chaque fois ou presque. Alors pourquoi trois termes ?

J'ai regardé toutes les vidéos du site du festival et de sa web Tv Upcycling TV, qui donnent beaucoup d'informations concrètes à partir d'interviewes d'experts et de professionnels. Il se passe en effet quelque chose dans notre société en évolution de plus en plus rapide, surtout depuis la pandémie de la Covid-19 qui a modifié nos perceptions du travail, de la vie en société. Quelque chose de motivant, porteur d'espoir, ouvre de nouveaux horizons à une époque où notre ressenti est bien déprimé.

L'idée de cet ouvrage est venue, pour accompagner la démarche de L'Upcycling Festival, « *faire ma part moi aussi* », et remercier pour les éclairages précieux et sérieux qu'il apporte sur le devenir de notre monde.

Cet ouvrage n'est pas un livre blanc de l'Upcycling Festival. J'ai sélectionné les intervenant(e)s qui apportaient des éléments de réponse à ma réflexion : quel est ce mouvement sociétal de fond qui incite à produire et consommer mieux ? Que les autres ne soient pas déçus. Leurs interventions ont été également importantes. La liste de tous les intervenant(e)s et professionnels participant à l'Upcycling Festival permettra aux lecteurs de suivre ceux ou celles qui les interpellent sur la Upcycling TV où ils retrouveront toutes les interviewes.

J'ai structuré l'ouvrage en deux parties. Une première partie donne un coup de projecteur sur les nouvelles pratiques artistiques, économiques et sociales présentées au grand public. On y voit se construire les concepts clés à partir d'expériences originales.

La seconde partie s'appuie sur les échanges et rencontres des professionnels autour de l'upcycling. La question centrale porte sur les différentes manières d'industrialiser les startups à vocation industrielle. Comment passer d'une production artisanale à une production industrielle qui respecte les enjeux portés par la démarche d'upcycling ?

1 – Un constat : des chiffres alarmants, une problématique mondiale

Plus de 9 Milliards d'êtres humains d'ici 2050, c'est-à-dire demain, dont les besoins sont grandissants, vont exploiter toujours plus les ressources de la Terre qui n'auront plus le temps de se renouveler. Les émissions de CO2 à effet de serre ne cessent de détériorer le climat. Les incendies cet été ont été ravageurs sous l'effet de canicules répétées, nous obligeant à faire face à un principe de réalité. Les tempêtes, les orages de grêle destructeurs, les inondations suivent à l'automne. Les crises sanitaires, économiques, sociales, écologiques se généralisent dans le monde. La surconsommation demeure un problème majeur. Dans cette ambiance morose, les populations prennent conscience que tous ces problèmes sont liés à la surconsommation. Elles réalisent de plus en plus l'urgence de modifier nos comportements, nos modes de production et deviennent attentives aux solutions innovantes qui permettront de protéger la planète et donc ses habitants, humains et animaux. Car en effet, les chiffres sont alarmants :

L'ONG *Global Footprint Network* calcule chaque année le jour à partir duquel nous puisons plus de ressources renouvelables que la planète est capable de produire. Grâce à une solide méthodologie établie en 1987, elle calcule précisément le rapport entre la consommation annuelle de la population mondiale en termes de ressources naturelles et la capacité de régénération de ces mêmes ressources. Elle a pu remonter jusqu'à 1970. Cette année-là, le 29 décembre, l'humanité avait consommé la totalité des ressources que la Terre avait générées en une année. L'équilibre était respecté. En 2000, le jour de dépassement intervenait le 23 septembre. Cette année 2022, le 28 juillet, cinq mois avant la fin de l'année nous avons épuisé les ressources naturelles annuelles de la planète. Il est intéressant de noter qu'en 2020, année de la crise sanitaire et des confinements, le ralentissement économique a poussé la date fatidique au 22 août, preuve s'il en est que l'activité humaine est bien la cause de cet épuisement de plus en plus rapide.

L'accès et l'approvisionnement en eau douce sont un enjeu majeur de la paix dans le monde. Dans leur rapport annuel respectif l'UNESCO et l'ONG *Solidarités Internationales* dressent un constat saisissant : 40 % de la population mondiale sera confrontée à des pénuries d'eau d'ici 2050. Actuellement, plus de 2 milliards de personnes n'ont pas accès à une eau potable directement chez elles. Et 2,6 millions de personnes meurent chaque année de maladies liées à une eau impropre. Enfin 90 % des risques naturels sont liés à l'eau.

Le Service des données et études statistiques (SDES) publie un rapport qui indique qu'en 2018 la France a produit 342,4 milliards de tonnes de déchets, soit 5,1 tonnes par habitant. L'Union européenne quant à elle a produit dans sa totalité 2 599 478 tonnes de déchets !

Les déchets plastiques sont un véritable cauchemar. *National Geographic* publie des chiffres ahurissants, à peine croyables si le media n'était pas aussi sérieux. **A travers le monde, près d'un million de bouteilles en plastique sont vendues chaque minute.** Or les estimations de durée de vie du plastique vont de 450 années à l'infini ! Depuis 2015, plus de 6,9 milliards de tonnes de déchets plastiques ont été produites, la courbe de production est exponentielle depuis 1950. 79 % ont été accumulés dans des décharges ou dans la nature, notoirement dans les mers et océans ; 12 % ont été incinérés et seulement 9 % ont été recyclés. D'ici 2050, toutes les espèces d'oiseaux mangeront du plastique régulièrement. 5 000 milliards de morceaux de plastique flottent déjà dans nos océans. On estime à environ 700 espèces les animaux marins qui ont ingéré du plastique ou sont piégés dedans.

L'équipement en appareils électriques en tout genre augmente et le prix de l'énergie ne cesse de s'envoler. On estime à 30 millions le nombre d'appareils électriques et électroniques qui dorment dans nos maisons. Est-ce bien raisonnable ?

L'industrie textile présentée comme l'une des plus polluantes et gaspilleuses, serait responsable d'environ 20 % de la pollution mondiale. On peut avancer que cela concerne surtout l'Asie et l'Inde, mais la délocalisation de la production dans ces pays est autant responsable. Elle consomme les ressources naturelles de façon dithyrambique. Selon les statistiques, nous consommerions en moyenne 9 kg de textile par habitant et par an. Avec des émissions de gaz à effet de serre de 1,2 milliards de tonnes émis chaque année, l'impact annuel de l'industrie textile est plus important que ceux des trafics aériens et maritimes réunis !

Nous pourrions continuer de citer ces chiffres alarmants de gaspillage de nos ressources naturelles, car nous gaspillons de façon abusive dans tous les domaines. N'en jetez plus, c'est déprimant ! allez-vous penser. C'est hélas un préalable nécessaire à notre réflexion, mais ce n'est pas l'objet de cet ouvrage qui souhaite démontrer, grâce à tous les acteurs qui se mobilisent à l'Upcycling Festival, que le surcyclage sous toutes ses formes est une solution à fort enjeu.

2 – L'urgence d'une économie circulaire

On a tous entendu parler de développement durable depuis des années. L'INSEE en donne une définition en s'appuyant sur une citation de Mme Gro Harlem Brundtland, Premier Ministre norvégien, en 1987. C'est *« un développement qui répond aux besoins du présent sans compromettre la capacité des générations futures à répondre aux leurs »*. En 1992, sous l'égide des Nations Unies, le Sommet de la Terre à Rio rend officielle la notion de développement durable. En 2022, il a proposé la mise en place d'un Conseil de la Terre.

Face à l'éco-anxiété grandissante de nos jeunes générations en 2022, on se dit qu'on a raté quelque chose. Même si de nombreuses expériences de développement durable, notamment dans les Territoires, ont été bénéfiques et encourageantes, même si la loi a régulièrement accompagné le développement durable, force est de constater que nous avons manqué d'une action généralisée dans ce domaine. Les lobbys ont une énorme force de résistance ! **Nos économies classiques n'ont pas cessé de répondre à une logique linéaire qui consiste à extraire, fabriquer, consommer, jeter, alors que le développement durable demande de fonctionner dans une logique circulaire.** Nos modèles d'économie classiques sont fondés sur une production de richesses ou de plus-value – peu importe l'usage qui est fait des biens produits - qui se traduit nécessairement dans la durée par une destruction de ressources.

Or, nous avons atteint des seuils critiques ces dernières années.

L'économie circulaire a pour objectif de produire autrement, en intégrant une exigence écologique à tous les niveaux, depuis la conception, la production jusqu'au réemploi. C'est une approche globale et systémique. Elle peut être néanmoins compatible avec un modèle classique dès lors qu'il intègre la notion d'éco-conception, c'est-à-dire la prise en compte de la protection de l'environnement lors de la conception du produit. Par ailleurs, le modèle classique peut intégrer également le recyclage d'objets démodés ou fabriqués sur un mode d'obsolescence technique programmée.

L'économie circulaire vise l'efficience de l'économie des ressources en tout premier lieu. Il s'agit de donner une seconde vie aux produits, par des méthodes de réemploi, de réparation, et de réutilisation des matières premières. En ce sens elle est très innovante. Lorsqu'un produit arrive en fin de vie, les ressources qui le composent sont maintenues dans le cycle économique. Ainsi peuvent-elles être réutilisées de nombreuses fois afin de recréer de la valeur. C'est ce que les deux premières éditions de l'Upcycling Festival se sont appliquées à démontrer dans des domaines variés de nos vies.

Les chiffres alarmants que nous avons donnés plus haut nous rappellent combien il est urgent de cesser de faire plus de la même chose et d'adopter des comportements responsables.

3 – Recyclage, Surcycling, Upcycling, que de mots ! Pour dire quoi précisément ?

Que signifient les termes de surcycling et l'upcycling? Pourquoi utiliser tantôt des mots français, tantôt des mots anglais ? Quelle différence avec le recyclage ?

Le premier festival de 2020 donne un coup de projecteur sur la différence entre ces processus de transformation d'un objet considéré comme étant en fin de vie, comme rebut, donc destiné à la déchetterie. C'est bien l'un des objectifs de l'Upcycling Festival: informer, sensibiliser, ouvrir des débats avec des experts, mais aussi avec des artisans et des artistes qui expérimentent à leur façon, croiser toutes ces informations pour se faire une idée précise des enjeux en question, et comprendre (au sens étymologique de « prendre avec soi ») que le monde est en train de s'épuiser d'une façon radicale. La planète fait elle aussi son burnout. D'où la nécessité de prendre le problème à bras le corps, chacun à son niveau, des consommateurs aux industriels, en passant par le législateur et les pouvoirs publics. Il est un principe fondamental de conduite du changement, qui veut que le changement soit possible dès lors que tous les acteurs concernés le mettent en œuvre à des niveaux différents en même temps. Plus le laps de temps est court, plus les chances de réussite du changement augmentent. La crise planétaire actuelle est certainement une possibilité réelle de changement de paradigme, car toute crise porte en elle les germes de formidables opportunités. Toutes les populations planétaires sont concernées, et il y a urgence. Même si les gouvernements du monde entier ont trop traîné pour conduire ce développement durable, la conscientisation collective des enjeux d'un tel développement pour la planète peut nous donner une chance de réaliser l'impensable. L'heure du changement a sonné pour le bien de tous.

La notion de recyclage est couramment admise, bien comprise car elle appartient à notre histoire collective. **On pourrait dire qu'avec le recyclage, « rien ne se perd, tout se réutilise. »**

Grand observateur de la nature, le philosophe présocratique grec Anaxagore, écrivait dans son ouvrage *Sur la nature* : « Rien ne naît ni ne périt, mais des choses déjà existantes se combinent, puis se séparent de nouveau. » Cette conception a perduré durant des siècles. On attribue au chimiste Lavoisier la célèbre phrase : « Rien ne se perd, rien ne se crée, tout se transforme », observation qui portait sur la conservation des masses lors du changement d'état de la matière. Les choses ont bien changé depuis le XVIIIe siècle de Lavoisier ! Nos anciens recyclaient les restes de repas, les vêtements usés, les outils abimés, car la vie était dure pour la majorité d'entre eux, il ne fallait pas gaspiller, même dans la classe bourgeoise. Ce principe qui protégeait l'équilibre du renouvellement des ressources naturelles s'est progressivement effacé sous l'effet de l'accélération de la consommation sans limite, du toujours plus, depuis une cinquantaine d'années, avec l'augmentation de la population mondiale et le développement économique des échanges mondiaux.

Le recyclage est expliqué clairement au grand public dans un dossier complet publié sur le site recyclage-ooreka.fr auquel nous vous renvoyons. « *Le recyclage est un enjeu de société qui commence dans nos poubelles. Des déchets ménagers, mais aussi toxiques ou végétaux, dont on ne sait pas quoi faire, comment les trier ?* » pose la plateforme Internet en exergue de son dossier. Il consiste en un ensemble de techniques qui s'inscrivent dans le déroulement de tout un processus de gestion de ces déchets : collecte, traitement, valorisation, incinération. Les Français l'ont désormais bien compris : aucun recyclage n'est possible sans un bon tri des déchets à la source chez le particulier. La pratique du tri se généralise peu à peu.

Les rebuts peuvent également être triés à l'usine de recyclage, notamment les matériels électriques, les emballages, les textiles, les plastiques, divers matériaux. Avec un bémol, ils sont la plupart du temps enfouis ou incinérés, ce qui ne règle pas les problèmes en termes de pollution de la planète, car le cheminement de transformation induit une dépense en énergie et/ou en eau.

Or il y a aujourd'hui une tendance qui ne détruit pas mais au contraire apporte une plus-value et qui s'affirme de façon croissante, tout particulièrement depuis la pandémie, et cela, au niveau mondial.

On entend de plus en plus parler de surcyclage et d'upcycling. Y-a-t-il une différence ? Non, les deux termes recouvrent la même signification. *Up*cycler, en anglais, c'est littéralement « recycler vers le haut » (up), c'est-à-dire *sur*cycler en français.

Le surcyclage, consiste à récupérer un objet qui n'est plus utilisé, un déchet, afin de le revaloriser. Un nouvel objet est alors créé, d'une qualité supérieure au matériau d'origine, d'où une valeur majorée. C'est intéressant en soi ! Un objet ordinairement destiné à la déchetterie devient un objet à valeur ajoutée. Il peut être à nouveau transformé et produire encore et encore de nouveaux objets à valeur ajoutée. On est loin des connotations de désuétude, de dévalorisation de l'objet initial considéré comme un déchet. Habituellement qui dit déchet, dit inutile, alors on le jette ou on le laisse s'entasser dans nos placards, ou nos garages.

La pratique du surcyclage se développe avec la montée des préoccupations écologiques et parallèlement à l'organisation du tri sélectif. Le souci de l'écologie ouvre des failles salutaires dans le système de la consommation. Les collectivités organisent de mieux en mieux le tri sélectif des ordures ménagères, néanmoins la Cour des Comptes vient d'annoncer que la gestion des déchets en France reste insuffisante par rapport à nos voisins européens. Le recyclage du plastique est notamment à la traîne et pose de gros problèmes actuellement sans réelles solutions. (AFP 27/09/22). La Ville de Paris vient d'annoncer qu'elle va augmenter le ramassage des poubelles jaunes. Bonne nouvelle ! Mais peut-être simple effet d'annonce. Que devient précisément cette collecte ? Quelle proportion de recyclage ? d'enfouissement ? d'incinération ? Le tri sélectif est un comportement qui se généralise. Les matériaux recyclables, papiers, cartons, plastiques, canettes et bouteilles en verre sont appelés à vivre une seconde vie. **La notion de surcyclage se distingue du recyclage sur le mode « rien ne se perd, tout se combine et trouve une seconde vie, qui peut devenir une troisième vie, etc. »**

Les artistes, les artisans, les designers, les créateurs en tout genre ont été inspirés par les matières des objets rebuts qu'ils ont récupérées pour en faire de nouveaux objets du quotidien leur apportant une plus-value certaine. On va le voir dans les exemples qui suivent, **la notion d'esthétique, de beau, est essentielle dans le surcyclage opéré par les créateurs**. On a pu noter dans leurs interventions aux deux premières éditions de l'Upcycling Festival, l'expression du plaisir, de la joie de redonner vie à ce qui a été condamné à la déchetterie, de redonner une place aux objets qui au-delà de leur matérialité inerte, se chargent d'une histoire, d'un imaginaire et prennent souvent un sens symbolique à travers leur nouvelle esthétique.

Le processus d'upcycling transforme donc du vieux, dit-on, quel qu'il soit, pour en faire du neuf, par la simple transformation ou par la déconstruction du produit pour en récupérer les matériaux afin de produire directement d'autres objets, tels des objets du quotidien, des accessoires de mode, des objets de décoration, qui vont revaloriser le matériau initial en lui apportant une qualité supérieure au matériau d'origine. Cependant cette formule, « faire du neuf avec du vieux », est réductrice en ce sens qu'elle ne prend pas en compte le processus de transformation.

Ces concepts ne sont pas nouveaux, ils existent depuis plus de trente ans mais commencent seulement à passer dans notre vocabulaire usuel. D'aucuns se demanderont pourquoi on utilise des mots anglais une fois de plus ? Sans doute, d'une part, parce qu'à l'origine ils sont importés ; d'autre part, parce qu'aujourd'hui, la tendance est mondiale. En Français, on parle de recyclage, et de surcyclage, mais le mot upcycling n'a pas de traduction pratique. On trouve le verbe franco-anglais upcycler, comme c'est la mode actuellement.

C'est un ingénieur allemand, Reiner Pilz qui les a utilisés le premier dans un article, en 1994, où il expliquait que ce processus permet d'obtenir un nombre important de parts de marché par rapport à la qualité limitée des matériaux exploitables. Pour lui, le simple recyclage n'était en fait que du « *down cycling* » « *recyclage vers le bas* », dans la mesure où les déchets sont finalement détruits. « *Ce dont nous avons besoin*, écrivait-il, *c'est l'Upcycling, où l'on donne plus de valeur à de vieux produits, pas moins* ».

En prolongeant la vie des matières premières, nous économisons les ressources de notre planète. Ce système est dit vertueux car nous protégeons notre environnement en gaspillant moins, en économisant l'énergie et en limitant les déchets dans une perspective zéro déchet. Notons que Reiner Pilz a mis l'accent sur le fait que ce processus de « recyclage vers le haut » est un levier de productivité. Dans les années 90, ce ressort-là n'a pas été très inspirant pour notre industrie. Pourtant des sonnettes d'alarmes se faisaient entendre.

4 – Les créateurs s'emparent de l'upcycling en Provence.

Les créateurs n'ont pas besoin de mots théoriques pour créer. Ils expérimentent, déforment, reforment autrement, imaginent, savent exploiter de façon originale les accidents survenus lors de leurs créations.

Invitées à la table ronde intitulée « *Les créatrices s'emparent de l'upcycling* », Les interventions de ces dernières démontrent que leur démarche est véritablement pro-active, déterminée, conquérante, souvent portée par des valeurs écologiques et sociales positives.

- **Cécile Chappuis est artisan créatrice à L'Isle sur la Sorgue**. Dans son atelier **Carton Noir**, elle travaille le carton pour les particuliers, des architectes, des décorateurs, des antiquaires. Chacune de ses pièces est unique et demande des heures sans fin de travail du carton : installations, miroirs, grands et petits, lustres impressionnants, encadrements, et même meubles ! Elle reproduit les monuments de Rome avec une précision époustouflante. C'est une passionnée d'histoire de l'art, d'architecture et de design qui revisite les styles en mariant l'inspiration de l'école Flamande et l'esprit de la Renaissance italienne à l'art contemporain. Ses **collections de surcyclage du carton** sont demandées en France, mais aussi en Espagne, en Angleterre, au Mexique, en Australie, aux Etats-Unis. Elle utilise des cartons qu'elle récupère dans la rue, dans les entreprises ou qu'on lui apporte à l'atelier et cherche à anoblir la matière en lui redonnant une seconde vie artistique. Les pièces qu'elle a exposées au premier Festival ont fasciné les visiteurs. Le carton est une matière formidable pour qui sait le considérer et le travailler.
- **Valérie Martin a créé la boutique *Bijouseat*** à L'isle sur la Sorgue également. A l'origine, elle ne fait pas des bijoux mais des sièges, de vieilles assises qu'elle retapisse. Un jour, on lui envoic **unc chambre à air**, elle ne sait pas pourquoi. Est-ce une erreur de destinataire ? Non, le paquet porte bien son nom. Elle tourne longtemps autour de cette chambre à air, la regarde sous toutes ses coutures, si l'on peut dire, et puis une idée lui vient à l'esprit subitement. La chambre à air l'inspire. **Elle en fait un luminaire**, l'expose sur son site. Un industriel la contacte. Il dispose de 13 tonnes de **bâches de camion** par trimestre, il ne sait pas quoi en faire. Valérie Martin sait très vite quoi en faire.

« Cette matière me parle », dit-elle en table ronde. Elle en fait des sacs ultra-résistants, y ajoute la matière des chambres à air. Ils rencontrent un succès indéniable. Depuis, le monde merveilleux de l'Art Nouveau, l'anticonformisme associé aux codes de l'élégance deviennent l'univers artistique de *Bijouseat*. Le style se veut singulier, espiègle, il révèle des créations de mobilier de maison aux allures racées.

Valérie Martin s'est désormais spécialisée dans les déchets industriels surcyclés. Elle travaille actuellement le silicone avec l'usine Stern qui fabrique des ustensiles en silicone à partir de moules. La matière est initialement liquide et durcit quand on la cuit. Or, lorsque la production est achevée, il reste du silicone durci au fond des moules. En tant que résidu, il est habituellement jeté. Valérie Martin va chercher les restes, crée des objets de décoration maison. Fidèle à sa démarche, pour ne pas fabriquer des moules en plastique, elle récupère des galets dans la Durance qu'elle agence en tant que moules.

On a là un bel exemple de l'alchimie possible entre le monde industriel, la pratique du surcyclage-upcycling et le raffinement de l'univers féminin de la créatrice.

Il semble que les déchets industriels inspirent nombre de créateurs dans une démarche de surcyclage-upcycling.

- A Marseille, fin 2019, deux amies d'enfance, **Lisa Billiard et Moranne Deroff créent la marque CAGOLE NOMADE**. Lisa vient présenter leur démarche innovante à une table ronde du Festival. Elles se sont données pour mission de créer une marque de vêtements sportwear et d'accessoires de voyage unisexe Made in Marseille, qui accompagne le mouvement, tout en respectant la planète. Longtemps globe-trotters, elles sont revenues à Marseille avec l'envie de donner un sens à leurs expériences passées à travers un projet durable. Elles ont alors collecté divers déchets dans la ville : des chambres à air, des voiles de bateau, des tissus d'ameublement, des tissus provençaux, des déchets de boutiques. Première réalisation de surcyclage : des protège-passeports très originaux, symboliques à la fois de leur vie nomade et du surcyclage. Voilà une marque qui se présente comme impertinente, décalée et engagée, qui prend toute sa place dans la tendance de l'Upcycling. Une marque d'autant plus intéressante que, non seulement les déchets ne sont pas associés à des connotations négatives pour elle, mais au contraire ils deviennent des objets de projection de leur aventure existentielle personnelle. La plus-value marchande se double d'une plus-value symbolique, ce qui augmente encore la valeur commerciale.

- Quant à **Ghislaine Bourillon, 2LCréations**, elle s'est lancée en avril 2019 dans le surcyclage, en collectant les bijoux fantaisie qui dorment dans nos tiroirs. Il y en a dans toutes les maisons ! Elle crée des sautoirs, des colliers talisman et ce qu'elle appelle des *bijoux de maison*, c'est-à-dire des bijoux géants, objets de décoration pour la maison ou le jardin. Sa **marque vauclusienne est 100 % surcyclée, 100 % éthique,** explique-t-elle à la seconde édition de l'Upcycling Festival. Elle considère que pour s'inscrire dans une démarche zéro déchet, il est urgent de savoir comment sont produits nos objets. Savoir, comprendre, sont les conditions *sine qua non* pour accélérer cette tendance de l'Upcycling qui s'amplifie actuellement. Les réseaux sociaux s'approprient le processus, est-ce le signe d'un effet de mode ? Pas si sûr !

- Les chambres à air ne sont pas les seuls matériaux à parler à nos créatrices. Près de la Collégiale à L'Isle sur la Sorgue, il est un atelier-boutique très esthétique. C'est celui de **Magali Beaumont, créatrice de mode, brodeuse** plus précisément, qui est également intervenue à la seconde édition du Festival. Magali s'est intéressée aux CD, aux fils électriques qu'elle a récupérés et transformés en magnifiques sacs à main tout à fait inédits. Elle ne fait pas que du surcyclage, mais s'y intéresse beaucoup. Dans son atelier, trône une robe somptueuse qu'elle a brodée avec des fils électriques. Ils s'illuminent avec de petites lampes incrustées dans les fibres des tissus. Les bretelles du dos nu sont liées par un CD dont la surface brillante fait de jolis reflets moirés. Cet exemple renforce le constat que le surcyclage offre l'opportunité de beaucoup de créativité, en apportant une plus-value certaine, esthétique, commerciale et symbolique.

- Et puis, il y a dans l'Upcycling Festival la présence animée du très dynamique **Antoine Laymond**. Vous l'avez peut-être déjà vu sur M6 dans l'émission « *Redesign* », où il devait illustrer l'upcycling, en fabriquant en temps réel une pièce de mobilier complète à partir d'objets et de matériaux de récupération uniquement. C'est un passionné par l'objet, quel qu'il soit. Il se définit comme un éco-designer, artiste recycleur, qui transforme les rebuts abandonnés sur les trottoirs en objets pratiques et design. Son adage *« Faites entrer le recyclage écolo-design dans vos intérieurs et participez au geste éco-citoyen »* résonne comme une injonction éco-citoyenne. Pour nous y aider, il a publié un livre pratique *« Antoine sauve les meubles ! 25 créations design à fabriquer soi-même »*, aux éditions Massin. Lui, parle volontiers de recyclage écolo-design. Cela fait plutôt « bricoleur » pour le quidam, au sens positif du terme. On disait naguère « En France on n'a pas de pétrole, on a des idées ». Et dans ce registre, Antoine Laymond est très étonnant. N'importe qui peut devenir un bricoleur éco-designer à la maison, dès lors qu'il en est motivé et qu'on lui montre ce que l'on peut faire. C'est une façon de développer sa créativité personnelle dans son univers quotidien.

Après la cohorte des créateurs, créatrices, artisans-artistes, stylistes, désigners qui surcyclent spontanément dans leurs ateliers, viennent les petites entreprises nouvelle génération, créées par de jeunes entrepreneurs. Toutefois les entreprises traditionnelles n'ont pas dit leur dernier mot en termes d'upcycling, preuve s'il en est de leur adaptabilité, voire de leur agilité. C'est le cas de notre remarquable Manufacture Brun de Vian Tiran à l'Isle sur la Sorgue.

5 – La Manufacture traditionnelle de luxe BRUN DE VIAN TIRAN intègre l'upcycling d'une collection conçue selon un mode de production circulaire

C'est une entreprise familiale depuis 1808, le premier fabricant de couvertures naturelles en France, ayant introduit des fibres nobles. Huit générations de couvertures à L'Isle sur la Sorgue, ville historiquement vouée au travail de la soie et de la laine. Son directeur général, Jean-Louis Brun souligne combien la manufacture a toujours su rester attachée au respect des gestes traditionnels tout en étant immanquablement précurseurs, l'innovation appartenant à son ADN. En 2009, la manufacture a été reconnue « Entreprise du patrimoine vivant ». Elle se distingue également par des valeurs jamais démenties, l'Homme et son savoir-faire demeurant la clé de sa réussite.

Jean-Louis Brun explique très clairement. Dans la manufacture, il y a tous les jours des chutes de pièces de tissus. Depuis toujours, ils recyclent, c'est-à-dire qu'ils effilochent le rebut de tissu qui va permettre de retisser de nouvelles pièces de textiles. La fibre obtenue est pratiquement neuve et ça reste de la laine vierge. Mais alors, s'ils fabriquent de nouvelles pièces de textile avec les rebuts des pièces existantes, ils ne font pas de l'upcycling, ils recyclent, et c'est une bonne chose en soi.

Ou alors, ils ont des chutes qu'ils conservent en l'état et ils vont les destiner à autre chose, ils font du surcyclage. Avec une styliste, ils fabriquent des coussins, des sacs, des protège documents, des pots à crayon, des cache pots. C'est de la couture qu'ils confient à un atelier de réinsertion de femmes au travail, *l'atelier Babel* à Avignon. Elles font un excellent travail. De cette façon, les chutes de laine sont valorisées. Pas de gâchis mais au contraire autre chose, du mieux avec rien. C'est bien de l'upcycling.

« Mon credo, dit Jean-Louis Brun, c'est que c'est vraiment bien de recycler, de surcycler. La fripe c'est super ! il y a énormément de jeunes qui découvrent de belles matières, faites de belles mains, parce qu'ils achètent des vêtements d'occasion. Donc en plus, c'est de la culture, c'est de l'éducation et ils deviennent des gens amoureux des belles matières, des belles étoffes. **Mais le premier devoir du consommateur, c'est d'abord d'acheter responsable**. Il faut acheter les laines de nos bergers, valoriser le travail des agriculteurs, mais il faut acheter propre dès le départ. **Acheter des produits issus d'une industrie et d'une agriculture éco-responsable. C'est le premier devoir avant de recycler, avant de surcycler.**

Nous sommes le premier transformateur en France des laines françaises. Ces laines que beaucoup de personnes ont délaissées, nous faisons connaître leurs qualités intrinsèques auprès des plus belles clientèles, c'est un lien avec la filière dont je suis très fier.

Une partie de ma famille est d'origine agricole et l'autre industrielle. Les deux vont de pair pour valoriser les terroirs et les savoir-faire.

L'élevage du mouton, c'est naturellement éco-responsable parce que les moutons, on les fait paître sur des terres sauvages, dans les Alpes par exemple, en tous cas sur des terres qui ne sont pas fertilisées, qui n'ont pas de pesticides, pas d'insecticides. C'est déjà très propre. L'un de nos éleveurs a obtenu le label Bio, en fait il n'a rien changé pour obtenir le label. Il était naturellement Bio depuis toujours.

De même, chez nous, **la transformation de la laine est mécanique, ce qui respecte parfaitement notre environnement**. Alors oui, nos produits recyclés ou surcyclés sont absolument éco-responsables.

Notre collection s'appelle « *chef de pièce* ». Dans tous les métiers il y a de bons mots, dans le vin, la cuisine, le textile… Le chef de pièce, c'est l'extrémité de la pièce de tissu que l'on coupe et qui devient une chute. C'est banal pour nous, or les designers qui ont travaillé à cette collection, ont trouvé le mot très sympathique. C'est en vente à la **Filaventure**, notre boutique-musée, mais aussi sur Internet. Il suffit de téléphoner car les objets en photo ne correspondent pas forcément à ce que nous avons en boutique. Ce sont presque des objets uniques, puisque nous travaillons avec des chefs de pièces qui ne se ressemblent pas, qui sont plus ou moins abîmés par les coutures antérieures, donc il faut adapter, imaginer, créer en fonction de ce que l'on a. Une de nos couturières fait les assemblages de couleurs, et ensuite *l'atelier Babel* fabrique nos objets. »

En termes de stratégie, la Manufacture BRUN DE VIAN TIRAN n'éprouve pas le besoin d'industrialiser sa production surcyclée. Elle transforme ses propres déchets textiles, leur apportant une plus-value et un gain de productivité pour l'entreprise. Elle fait rentrer dans sa boucle vertueuse un atelier de réinsertion qui produit pour elle à la demande, avec la réactivité nécessaire. En contrepartie, les couturières ont plus que du travail, elles ont la fierté du travail accompli pour la Manufacture. Avec la valeur de respect mutuel, le solidaire et l'économique entrent dans une relation gagnante-gagnante.

Ce dernier exemple de Jean-Louis Brun, qui offre son temps en témoignant à chaque édition du festival, nous montre que la pratique du recyclage, et du surcyclage sur un mode éco-responsable n'a pas attendu un effet de mode pour exister. C'est une pratique vertueuse raisonnée. La mode, ça vient après, et ça donne raison à l'entrepreneur audacieux. Nous sommes frappés à chaque intervention de Jean-Louis Brun par son enthousiasme, son bonheur de travailler des fibres naturelles et donc nobles, qui ne se démentent pas au fil du temps. A une époque où la valeur travail est remise en question, voire devenue suspecte, on se dit que développer l'économie circulaire, l'éco-conception et donc l'éco-responsabilité dans les modes de fabrication, et de commercialisation, permettrait sans doute de redonner de la valeur au travail, car alors le travail a du sens pour tout un chacun dans la chaîne de production.

6 – ICTYOS une société nouvelle génération invente le cuir marin à partir de peaux de poissons à Marseille.

Faire du mieux avec des objets dégradés ou jetés, ne pas être condamnés à extraire les ressources naturelles du sol sans limites, c'est une tendance qui prend des formes nouvelles dans la société, dont le développement s'accélère dans l'industrie.

L'intervention de Benjamin Malatrait a fortement capté l'attention du public. Un mouvement de ravissement a monté dans l'air durant son exposé.

Benjamin Malatrait est co-fondateur de la société ICTYOS à Marseille, une tannerie de cuirs fabriqués à partir de peaux de poissons récupérés dans les restaurants. Je retranscris intégralement sa belle aventure entrepreneuriale tant elle est passionnante, que l'on retrouve dans une vidéo du Festival comme dans le blog de Grand Village.

« A la base, je suis un grand passionné de dessin et de pâtisserie. C'est ce qui m'a logiquement mené vers… la chimie. Car après tout, là aussi on mélange des produits pour arriver à une recette. La différence, c'est qu'en chimie, on se régale moins. J'ai fait l'ESCOM, une école d'ingénieur-chimiste en Picardie. J'y ai étudié la chimie verte, une chimie éco-responsable qui consiste globalement à se demander comment faire mieux avec moins. Car si la chimie peut-être extrêmement polluante, elle recèle aussi toutes les clés pour trouver des solutions aux problématiques environnementales, notamment à travers le biogaz, l'énergie solaire, le compost ou même le cuir marin.

C'est durant mes études que j'ai rencontré Gauthier Lefébure, un ami qui deviendra par la suite mon associé avec Emmanuel Fourrault, dans notre aventure entrepreneuriale. Mais auparavant, j'ai travaillé un temps à Paris en tant que consultant en stratégies et financement d'innovations. Les projets ont commencé à s'éloigner des thématiques relatives à la chimie verte, j'ai peu à peu déconnecté.

Avec Gauthier, on s'est retrouvés un soir dans un restaurant de sushis pour dîner. Au fil du repas, nous voyions le chef jeter les peaux de poisson les unes après les autres. Une, puis deux, puis trois, puis quatre... On s'est demandé ce que cela représentait en termes de quantité. En regardant la carte qui était composée à moitié de viandes, je me suis dit que pour la viande, on mangeait la partie consommable et on tannait la peau pour en faire du cuir. Au même moment, je travaillais de mon côté sur un projet basé sur la génération des déchets. Je savais que des études montraient que la consommation de viande était décroissante alors que la consommation de poisson était grandissante. Ça m'a semblé d'autant plus incroyable et inconcevable que toutes ces peaux de poisson partent à la poubelle.

Dès le lendemain, j'ai fait quelques recherches. J'ai appris que 50 000 tonnes de peaux de poisson étaient jetées chaque année en France ! Pendant ce temps-là Gauthier était allé sonner à la porte d'un restaurant de sushis pour leur demander s'il pouvait récupérer les peaux. Il avait ramassé quelques écorces dans une forêt et s'était lancé dans des premiers tests de tannage, tout seul, dans le garage de ses parents. Peu de temps après ICTYOS voyait le jour, startup qui va s'industrialiser sur le mode économique circulaire avec bonheur.

Nous nous sommes mis à tanner des peaux de poisson. Il existe plusieurs procédés pour transformer une peau de poisson en cuir. Ce qu'il faut savoir, c'est que faire du cuir, c'est rendre une peau animale travaillée pour devenir imputrescible. Tout ce qui n'est pas animal ou imputrescible n'est pas du cuir. Le « cuir végétal » par exemple, c'est un mensonge marketing. Même s'ils partent d'un bon fond, les cuirs végétaux contiennent entre 20 % et 80 % de plastique. Ce sont des produits issus de la pétrochimie. On utilise un produit que l'on va extraire des sols, ce qui va contribuer à leur appauvrissement, à l'intensification des cultures, et avoir de lourdes conséquences sur le plan environnemental. Cependant le cuir tanné au végétal, avec des tannins végétaux, existe et c'est ce que ICTYOS développe et produit.

La différence avec le cuir marin, c'est que la peau provient d'un animal qui a été élevé uniquement pour être consommé. Si nous ne la revalorisons pas, la peau finit en ordure ménagère, dans une décharge ou en incinération, ce qui va générer du carbone et du dioxyde de carbone.

En tannant la peau, nous nous inscrivons dans un cycle de conservation du carbone. Nous la transformons en un matériau qui est recyclable, biodégradable, fabriqué localement et qui va durer dans le temps. Car le cuir, c'est l'un des matériaux qui a la plus grande durée de vie. Il fait partie des rares à devenir plus beau avec le temps et l'usage.

Notre tannerie s'inscrit donc dans une démarche vertueuse pour l'environnement et l'écologie. La fabrication de nos cuirs marins repose sur trois grands principes :

- **L'approvisionnement** : nous fabriquons nos cuirs à partir de peaux de poissons français. **L'idée, c'est de**

valoriser le déchet à l'endroit où il est généré. D'ailleurs, à ce stade, on ne parle plus de déchet mais de coproduit. L'approvisionnement doit aussi se faire à partir de produits issus de l'alimentaire. Tout ce qui est bon pour être mangé a des raisons d'être transformé en cuir. **La qualité du cuir dépend du bien-être animal** : il ne faut pas qu'il y ait trop de densité dans les élevages, que ce ne soit pas une pêche trop sportive, que le poisson ne soit pas trop jeune, sinon la peau sera trop petite ou aura trop de défauts.

- **La transformation** : ça ne sert à rien d'avoir produit clean au départ si on le transforme avec de la pétrochimie. C'est là que notre cursus en chimie verte a été une force. On a regardé ce qui se faisait en matière de tannage. La majorité des cuirs sont tannés avec des métaux lourds, non-renouvelables. De notre côté nous sommes sensibles à l'épuisement des ressources. Alors, **nous nous sommes concentrés sur un principe de tannage ancestral : le tannage végétal**. Il repose sur l'utilisation du polyphénol, une molécule que l'on retrouve dans tous les fruits, les racines ou les écorces. Pour vulgariser, c'est le globule blanc du monde végétal. Il a des propriétés tannantes et contribue à rendre la matière imputrescible. Nous tannons nos cuirs marins avec des écorces qui sont elles aussi des coproduits de la filière bois.
- **La durée de vie** : une fois que l'on a un produit bien approvisionné, bien transformé, il faut le faire durer. S'il ne tient que deux jours, alors tous les efforts réalisés en amont ne servent à rien. Mieux vaut avoir un produit deux fois plus polluant qui dure quatre fois plus longtemps. C'est notamment ça qui justifie aujourd'hui qu'on se sert de teintures pour avoir différentes couleurs de cuir. On n'utilise pas des teintures végétales, mais des teintures conventionnelles qui viennent de colorants et de pigments. Les colorants végétaux perdent leurs couleurs au bout de deux jours au soleil. Or, les gens n'achètent pas un produit pour le jeter aussitôt.

Alors, autant fabriquer un produit qui a un impact environnemental un peu plus fort, mais qui va durer des dizaines d'années.

Avec ICTYOS, on est vraiment sur une industrie d'une nouvelle génération réalisée par la nouvelle génération. Et l'industrie d'aujourd'hui doit être transparente et cesser ce qu'elle fait depuis des années : cacher ses usines, ne pas expliquer les compositions, minimiser son impact.

Nous, on parle de tout, et on montre tout. Nos clients sont les bienvenus dans la tannerie. Nous sommes ravis d'expliquer nos procédés, de montrer nos machines. Les seules choses que nous souhaitons garder secrètes, ce sont les tanins végétaux que l'on utilise et qui sont le résultat d'une longue phase de Recherche & Développement. D'ailleurs, ICTYOS est la première tannerie à proposer de la vente directe ! »

Voilà donc une très belle aventure d'upcycling, conçue dans un registre d'éco-conception, depuis le sourcing, la Recherche & Développement, la fabrication jusqu'à la commercialisation dans le plus grand respect de la planète. Une aventure menée par des jeunes gens qui représentent cette nouvelle génération totalement engagée dans la protection de l'environnement, avec un souci de transparence, ce que les consommateurs apprécient désormais énormément.

Depuis l'intervention de Benjamin Malatrait à notre premier festival en 2020, la société ICTYOS a poursuivi son chemin vertueux et confirme sa réussite entrepreunariale. **Un site web a été créé, permettant de commander des échantillons gratuits, mais aussi d'accéder à un studio créatif qui accompagne les projets innovants de ses clients.** Du tannage de nouveaux cuir marins jusqu'au développement de coloris uniques, sur-mesure, pour leurs collections, en passant par l'invention de méthode d'application de coloration personnalisée pour apporter des effets uniques, jusqu'au développement de procédés de tannage pour répondre à leurs exigences techniques, l'équipe du studio créatif sait faire preuve d'imagination, **en travaillant de façon transversale**.

Chaque année, un nouveau cuir est proposé, ce qui, évidemment, satisfait le désir de choix des consommateurs. ICTYOS propose le cuir des carpes des Dombes, le cuir d'esturgeon issu d'une pisciculture locale, le cuir de saumon provenant des restaurants lyonnais. Dernièrement un cuir de raisin est proposé, tanné et teinté de façon végétale à partir de co-produits de la filière viticole. Enfin ICTYOS invite à vivre la mode à travers nos sens en parfumant les cuirs choisis par ses clients à ses propres fragrances.

La démarche d'ICTYOS est très intéressante en ce sens qu'elle est tout à la fois globale et spécifique au client, en réponse aux attentes des nouveaux consommateurs. Elle **est profondément innovante car totalement systémique, rigoureusement conduite sur un mode d'éco-conception et de durabilité.** La prise en compte de l'environnement intervient en amont de la fabrication, c'est en quelque sorte une condition *sine qua non.* Elle tient compte de tout le cycle de vie du produit, depuis l'extraction des matières premières, ou le sourcing, dans la durée et jusqu'à son élimination en fin de vie. Elle conjugue parfaitement bien protection de l'environnement et plaisir !

ICTYOS a réussi son industrialisation. Petite société deviendra grande ! Avoir été créée par deux ingénieurs chi mistes est évidemment un atout pour engager un processus d'industrialisation.

7 – Des entreprises nouvelle génération, associent upcycling, éco-conception et une production éco-responsable

L'ATELIER CRIBILI, est une bagagerie surcyclée fait main, en circuit court et écologique, 100 % Marseille, à partir de bâches publicitaires provenant de manifestations culturelles et événementielles.

Voilà encore une belle histoire de création d'entreprise d'upcycling. Cette fois, ce n'est pas la jeune génération qui se mobilise pour la préservation de l'environnement mais trois femmes d'une même famille. Une création intergénérationnelle pour une collection de bagages unique car faite main. ! La marque CRIBILI est l'acronyme des prénoms de Christine (Cricri), Elisabeth (Bibou) et Aurélie (Lili). Cette dernière était administratrice d'un festival de musique. Elle avait constaté que les bâches publicitaires des événements culturels, des expositions et d'une façon générale des manifestations événementielles finissent … à la déchetterie. De discussions en discussions entre elles, après leurs journées de travail, **l'idée se développe d'upcycler ce matériau afin de «*faire leur part*» dans la préservation de l'environnement et l'économie circulaire.** Elles prennent la décision de quitter leur activité professionnelle respective pour créer L'ATELIER CRIBILI en 2021. La production de bagagerie est impressionnante de beauté, d'invention et de qualité. Nous vous invitons à visiter leur atelier à Marseille, ou de consulter leur page Instagram (www.instagram.com) pour vous faire une idée de la plus-value extraordinaire qu'apporte l'upcycling.

Consommer autrement ! Cette démarche se multiplie de façon très inventive. On a pu découvrir lors du festival, **LE SAC DE NŒUDS, une société créée par deux frères, Guillaume et François Delecambre, près de Lille dans le Nord**, dont le slogan commercial énonce le nouveau credo des jeunes entrepreneurs nouvelle génération : **« Une nouvelle manière de consommer. Ensemble, gravissons des sommets ! Nous fabriquons des accessoires éco-responsables à partir de cordes d'escalade recyclées ».** Ils rappellent l'origine de leur aventure sur leur site lesacdenoeuds.fr : « Durant nos études, nous avons lancé ce petit projet qui consistait à récupérer des cordes d'escalade dans les salles et les transformer en bracelets à partir de rien. Nous avions alors 22 et 24 ans. Nous avons démarré avec une bonne dose d'optimisme et d'insouciance. Mais avant tout, nous avions envie de découvrir autre chose que le salariat suite à nos alternances d'ingénieurs. L'idée a plu autour de nous et nous avons donc diversifié la gamme. Plus le temps avançait, plus nous voyions que les accessoires plaisaient. En deux ans, nous avons développé plusieurs modèles de ceintures, des bracelets, des porte-clés et nous proposons aux entreprises de collaborer pour valoriser leur démarche RSE. » Aujourd'hui, **LE SAC DE NŒUDS,** c'est 22 000 mètres de cordes collectées, plus de 9 000 produits à la vente, plus de 800 clients enchantés.

Jérôme Peyronnet, artisan créateur de **L'ATELIER ARTJL**, à Montpellier, a pour passion de transformer les anciens radiateurs de nos aïeux – ceux que nos factures d'énergie actuelles ne nous permettent plus d'utiliser -, des années 30 à 70 en lampes design, audacieuses et absolument uniques. Il n'est que de consulter sa collection étonnante sur son site artjl.fr. « En transformant ce vieil objet en luminaire, nous lui donnons une seconde vie. Nous poursuivons son histoire poétique », se plaît-il à dire. D'où son slogan commercial : « ARTJL lampe éthique et poétique. Rien ne se perd, tout se transforme ». Ex-chimiste, ce créateur est un ardent défenseur du Made in France et de l'upcycling. Il chine, démonte, ponce, remonte autrement, peint, assure le shooting photos, et la commercialisation à prix abordable.

Sa stratégie commerciale raconte une histoire qui puise dans la mémoire collective : « Il y a 70 ans, papi et mamie se chauffaient avec ces radiateurs. Désormais ils vous éclairent. Entièrement fabriquées en atelier artisanal, ces pièces uniques sont conçues dans un souci écologique dominant. De différents styles, vintage, art déco, industriel, scandinave, contemporain, chaque lampe a son histoire. A vous d'écrire la suite. Quelle place va-t-elle prendre chez vous ? ». Cette démarche souligne que l'upcycling ne mobilise pas que l'imaginaire du créateur, mais aussi celui de l'acheteur. Elle fonctionne sur un principe diachronique (on montre l'évolution de l'objet dans le temps, avec des étapes évolutives) autant que synchronique (on voit ce qui se met en place à un moment donné du temps). On est encore dans une démarche globale, circulaire qui redonne vie au lieu d'épuiser la vie sur Terre.

Lorsque les imaginaires sont mobilisés en profondeur au sein d'une société, on peut considérer que la société se transforme, la mode tend à s'enraciner, l'effet disparaît au profit de la tendance qui se généralise et devient comportement.

Alors si l'upcycling articule protection de l'environnement et éthique, plaisir et productivité, imaginaire et symbolisme, tous les espoirs sont permis afin de transformer notre monde industriel en un nouveau paradigme vertueux. Un problème demeure : cette transformation industrielle à grande échelle demande du temps, or la Terre brûle déjà. Affaire à suivre !

Ces entreprises nouvelle génération se développent un peu partout en France et ailleurs dans le monde. Des associations se créent également, allant jusqu'à développer des marques associatives. **SAUVAGE MEDITERRANEE, est une marque associative à Marseille, créée en collaboration avec les associations locales de protection de l'environnement, notamment Palana Environnement.**

Elle propose une collection de bijoux unique en France à partir de déchets marins collectés sur les plages de la Méditerranée et upcyclés. Elle, aussi annonce la couleur sur son site sauvage-med.fr : « Les produits proposés par la marque SAUVAGE sont éco-conçus (plastiques marins, filets de pêche, déchets sauvages terrestres…) et incitent à un comportement responsable dans un objectif de lutte contre la plastification massive de la mer Méditerranée. La vente des produits SAUVAGE permet de financer les opérations de collecte de déchets effectuées en mer et sur terre, régulièrement organisées par les associations locales de protection de l'environnement. » On a là un très bel exemple d'Upcycling dans une démarche totale d'économie circulaire, à la fois sociale et innovante.

Les filets de pêche ne sont pas qu'un matériau intéressant à surcycler. Ils constituent une menace sérieuse pour les écosystèmes marins. Plus de 600 000 tonnes sont perdus chaque année en mer. Une étude PECHPROPRE de *Coopération Maritime* estime d'environ 800 kgs de filets par an et par pêcheur sont abandonnés en mer. C'est une énorme pollution plastique. L'association SAUVAGE estime qu'un animal sur trois finit étouffé dans les mailles des filets perdus en mer.

L'ex co-fondatrice de l'association Palana Environnement, Sabine Meneut est actuellement dirigeante de CLICK DIVE. Elle a pris en main la problématique des filets de pêche en plastique qui polluent les mers, en créant **un partenariat avec la jeune société FIL&FAB**. Ensemble, et de façon synergique, ils ont mis en place une filière de revalorisation du matériel de pêche.

CLCK DIVE mène une étude de qualification et de quantification amont à la mise en place effective du recyclage des filets de pêche, en passant par diverses étapes de mise au point et de définitions de besoins, d'indicateurs sociaux et environnementaux. Ainsi CLICK DIVE pose-t-elle les fondations de la mise en place de la filière. La société travaille à un plan d'action afin que la société FIL&FAB puisse recycler les filets déposés par les pêcheurs sur les ports. De la collecte à la transformation upcyclée, la tâche est gigantesque. Le travail de collecte des bénévoles d'associations est honorable et nécessaire, mais on comprend bien qu'il ne peut venir à bout du fléau. C'est pourquoi la création d'une filière se fait vite sentir, et l'on voit une ex cofondatrice de l'association Palana créer une société, puis établir un partenariat avec une autre société, puis d'autres partenaires et la filière prend naissance, avec deux missions principales :

- La valorisation industrielle avec FIL&FAB, unique recycleur en France de filets de pêche en PA6, c'est-à-dire en polyamide-6 régénéré 100 % filet de pêche recyclés, le *Nylo*, sous forme de granulés. Le *Nylo* est devenu le produit phare d'une nouvelle filière de régénération française.
- Le réemploi des filets pour le développement d'une économie locale.

Ce dernier exemple nous amène à la question de l'industrialisation des startups à vocation industrielle.

8 – Bilan des deux premières éditions du Festival international de l'Upcycling

Dans une vidéo visible sur le site du festival, Jacques Chalvin fait le bilan de l'événement qu'il a organisé au Village des Antiquaires de la Gare. Donnons-lui la parole :

« Le bilan de ses deux premières éditions est positif et inspirant. L'Upcycling islois, provençal, est inscrit maintenant dans la carte de France de L'Upcycling. Il a donné de la visibilité à une mine d'idées et de solutions pour le réemploi innovant de matériaux de récupération destinés à la destruction. Cela implique tout le monde dans la société, le grand public mais aussi les entreprises, avec tous les acteurs transversaux de la décoration, l'habitat, l'objet, la mode, le textile, les bijoux. C'est tout un éco-système avec un optimisme et une philosophie qui vraiment nous engagent sur l'avenir. Et c'est aussi une preuve de l'intelligence collective dont les acteurs de toute société sont capables de faire preuve, car toute crise porte en elle les germes d'un changement bénéfique dès lors qu'on en saisit les opportunités.

Ces deux premières éditions du Festival de l'Upcycling a donné un coup de projecteur sur ce que les créateurs, les stylistes, les entreprises nouvelle génération, souvent créées par la nouvelle génération, qui aspire dans sa philosophie générale à un monde renouvelé, où l'éco-conception est un principe essentiel. Et puis les acteurs dirigeants des filières du textile, de l'ameublement nous ont apporté une grande bouffée d'air, en nous dévoilant les chantiers de fond mis en œuvre par leurs organisations afin de s'inscrire dans une économie réellement circulaire, de la conception, à la production, à la commercialisation et à la récupération des déchets devenus coproduits afin de redonner vie à leurs fabrications ».

C'est rassurant une prise de conscience collective est en train de se développer. Ce n'est certes pas une mode, c'est l'heureuse évolution de nos sociétés confrontées à la surconsommation mondiale. Maintenant voyons comment les grandes entreprises s'adaptent concrètement à l'économie circulaire et abordent la question de l'industrialisation de l'upcycling. »

Deuxième partie
De nouveaux enjeux : Renforcer l'upcycling au sein d'une économie circulaire Les grandes entreprises se mobilisent ! Accélérer la tendance économique et sociale Développer l'industrialisation des startups industrielles.

Tous ces témoignages lors de l'Upcycling Festival apportent un éclairage global de la transformation de notre société en proie à la raréfaction des ressources de la planète. Le Village des Antiquaires de la Gare, à l'Isle sur la Sorgue, est à lui seul une mine de recyclage des idées sociétales et économiques. Nous avons ouvert cet ouvrage à partir du bel objet d'exception, de l'objet rebut auquel des créateurs redonnent une seconde vie, pour élargir peu à peu la réflexion au sein des conférences, des tables rondes, des expositions à la notion d'économie circulaire, avec ses dimensions intrinsèques d'économie sociale et solidaire. Finalement, **ce concept de seconde vie des objets de notre vie quotidienne, porte en lui le projet visionnaire d'une autre société du zéro déchet,** où chacun peut vivre décemment grâce à une économie qui ne se veut plus seulement productive de richesses, de performances, mais de bien-être des populations, sans rebut humain. Formidable projet de société ! Il est en marche, nous pouvons y croire. Mais comme nous l'a rappelé Brune Poirson « Nous ne sommes qu'au début du chemin ».

Or la planète s'épuise, le réchauffement climatique menace la survie de notre espèce. Il est urgent que le monde industriel s'engage dans son ensemble sur ce chemin vertueux et accélère la diminution de son impact carbone sur notre environnement.

Nous l'avons vu, de nombreuses petites sociétés, des startups nouvelle génération ont pris le tournant de l'économie circulaire via leur motivation à faire de l'Upcycling, catalyseur de développement éco-responsable, qu'en est-il des grandes sociétés ? Leur Responsabilité sociétale est largement concernée, sachant que la Commission européenne a définit la RSE comme l'intégration volontaire par les entreprises de préoccupations sociales et environnementales à leurs activités commerciales et leurs relations avec les parties prenantes. La RSE c'est donc la contribution des entreprises aux enjeux du développement durable. Un certain nombre de grandes sociétés s'engagent dans l'accompagnement des startups industrielles, dès lors qu'elles sont elles-mêmes impliquées dans un projet d'entreprise en économie circulaire.

Teddy Follenfant, l'un des pionniers du développement durable le souligne dans sa préface. Personne n'y croyait, le concept a mis du temps à se développer. Qu'est-ce qui fait que l'économie circulaire connaît un meilleur accueil ? Comment ces grandes sociétés se décident-elles à adopter le modèle économique circulaire ?

1 – Le Parlement européen s'emploie à généraliser l'économie circulaire en Europe par un encadrement de la loi.

Le think tank *Circular Economy* dénonce dans son nouveau rapport du 21 janvier 2020, que, **l'économie mondiale a consommé plus de 100 milliards de tonnes de matériaux par an** : du sable, du gravier, du bois, du pétrole... Or, **seuls 8,6 % de ces ressources limitées sont réutilisés.** Les alertes ne cessent de tomber.

VEOLIA avance que l'économie circulaire pourrait permettre une économie de 340 à 630 Mds $ de matières premières en Europe avec, pour conséquence heureuse, une augmentation de 30 % de la productivité des ressources de la productivité qui pourrait stimuler le PIB européen et créer 2 millions d'emplois durables d'ici 2030.

Un article des Echos du 31 mars 2022 nous informe : « La Commission européenne veut que tous les produits vendus dans le marché unique répondent, à terme, à des critères de réparabilité et de durabilité. L'information aux consommateurs va être renforcée » précise Derek Perrotte, du Bureau de Bruxelles.

La Commission a révélé son ensemble de propositions qui devraient accélérer le verdissement des productions européennes afin de se donner les moyens d'atteindre la neutralité climatique en 2050.

« *Tout doit y passer, prévient le correspondant du Bureau, des sacs à main aux téléphones portables, des scanners et panneaux solaires en passant par les textiles.* »

Quant au commissaire à l'Environnement, Virginijus Sinkevicius, il surenchérit : *« L'économie circulaire doit devenir la norme. Il faut de grands changements dans la manière dont nous produisons et consommons. C'est bon pour le climat, pour les économies de l'énergie, pour les consommateurs et c'est l'avenir de notre économie ».* Voilà donc la directive-cadre des grands principes de la Commission. Elle va décliner une législation spécifique aux catégories de produits à court et moyen terme.

Des obligations de performance technique, environnementale, de durabilité et de réparabilité sont donc imposées. Les premiers produits visés sont ceux à forte empreinte carbone : les meubles, les détergents, les lubrifiants, les peintures, les composantes de fer, d'acier, d'aluminium, et enfin les pneus. Suivront les produits électroniques, l'obsolescence des téléphones portables, et les produits consommateurs d'énergie. Le plan s'inscrit évidemment sur fond de crise énergétique, liée à la guerre en Ukraine, au gaz russe.

L'Europe veut renforcer ses capacités de recyclage, et développer tout un système de réparation, d'entretien et de vente d'occasion. Elle souhaite imposer à terme « une interdiction des destructions pures et simples des produits ».

En 2020, en France, Le Ministère de la Transition écologique déclarait que l'interdiction de la destruction des invendus textiles ferait économiser 250 000 tonnes par an de CO2. La **loi anti-gaspillage de Brune Poirson** entrée en vigueur au 1 er janvier 2022 devrait nous permettre d'atteindre l'objectif. Les distributeurs et fabricants ne peuvent plus incinérer les vêtements, les meubles ou les produits électriques non vendus. Contrevenir à cette obligation les expose à une amende pouvant monter à 15 000 euros. Chaque année, 15 % de ces invendus sont détruits, ils représentent plus de 2 milliards d'euros de marchandises. L'ADEME estime que ces destructions provoquent environ vingt fois plus d'émissions de gaz à effet de serre que leur réemploi. Grâce à cette loi, la France est un pays précurseur en Europe en ce qui concerne l'interdiction de détruire les invendus.

La plateforme Novethic informe que **« la France devient le nouvel eldorado de l'économie circulaire » sous l'effet des nouvelles règlementations**. L'Américain EASTMAN investit 850 millions d'euros pour construire « la plus grande usine de recyclage moléculaire de plastiques au monde ». 160 000 tonnes de déchets par an, textile compris, devront être recyclés. Le Québécois LOOP investit 250 millions chez SUEZ, là encore pour des projets de recyclage du plastique. **Déjà en 2017, Jean-Louis Chaussade, patron de SUEZ affirmait à l'université du MEDEF que « l'économie circulaire est le moyen économique le plus juste et le plus sensé pour produire des biens sur la planète ».** IKEA investit plus de 650 millions d'euros dans des projets d'économie circulaire en France. L'ambition affichée consiste à pouvoir recycler 100 % de nos déchets plastiques sur le modèle de l'économie circulaire à l'horizon 2025.

Du coup la demande des industriels français explose, mais se heurte au problème de la collecte qui n'est pas résolu. Cependant LOOP a déjà vendu son plastique recyclé à DANONE, L'OREAL et L'OCCITANE qui annoncent viser 100 % d'emballages recyclés ou bio-sourcés d'ici 2030. LVMH, ESTEE LAUDER, PROCTER ET GAMBLE ont pris l'attache d'EASTMAN. Ce sont des signes encourageants. Cette mobilisation fait augmenter le cours du plastique recyclé, l'économie circulaire apparaît sous son jour très attractif de productivité. Emmanuelle Ledoux, directrice générale de l'INEC, Institut National de l'économie Circulaire confirme : « *Un changement de modèles industriels vers plus de circularité s'opère avec, à la clé, la création d'emplois non délocalisables* ».

Le modèle classique des pays développés qui consiste à extraire, produire, consommer et jeter va-t-il voir sa fin programmée ? Allons-nous pouvoir passer à un modèle fondé sur une absence de gaspillage et une meilleure intensité de l'utilisation des ressources tout en diminuant l'impact environnemental destructeur ? C'est en tous cas le but des institutions européennes qui légifèrent. Et à ceux qui pensent que les lois ne sont pas suivies d'effet en France, ce qui n'est pas faux en termes de réactivité aux actions imposées par la loi, j'ai envie de rappeler que le changement doit s'appréhender dans la durée, rarement dans le temps présent. Après tout, tout système vivant naît, se développe, décroît et meurt, dans un cycle temps, remplacé par un autre système vivant.

L'Agence de l'Environnement et de la Maîtrise de l'Energie, **l'ADEME**, est l'établissement public à caractère industriel et commercial qui participe à la mise en œuvre des politiques publiques en matière d'environnement, d'énergie et de développement durable. **L'agence met l'économie circulaire au cœur de la transition écologique. Elle définit l'économie circulaire comme un**

système économique d'échange et de production qui, à tous les stades du cycle de vie des produits, biens et services, vise à augmenter l'efficacité de l'utilisation des ressources et à diminuer l'impact sur l'environnement tout en développant le bien être des individus.

Trois champs principaux couvrent les actions de l'économie circulaire :

- La production et l'offre de biens et service ;
- La consommation au travers de la demande et du comportement du consommateur, économique ou citoyen ;
- La gestion de déchets avec le recours prioritaire au recyclage, et mieux encore à l'upcycling, qui permet de boucler la boucle.

La démarche de l'upcycling, qui monte à l'horizon sociétal, transforme certainement l'effet de mode que l'on a pu ressentir lorsque le concept a commencé à se vulgariser, car elle s'inscrit dorénavant dans une volonté affirmée de politique publique européenne. Qui dit volonté politique affirmée dit sanctions financières à la clé.

En France, **la Feuille de Route de l'Economie Circulaire (FREC)**, de février 2019, a pour vocation de transposer le paquet des règlementations d'économie circulaire européen de 2018. **Le texte développe le principe de pollueur-payeur** et de sa traduction par la responsabilité élargie du producteur. Les industriels sont enjoints à gérer et à financer la fin de vie de leurs produits via des éco-organismes. Avis aux pollueurs !

2 – France 2030 : décarbonation de l'industrie

Les industries vont devoir s'adapter, se transformer en profondeur en intégrant le concept d'upcycling dans leurs modes de production et de commercialisation. Elles ont d'ailleurs commencé cette transformation pour beaucoup. D'autant que **le Conseil européen a lancé l'objectif de**

neutralité carbone d'ici 2050. L'objectif est très contraignant, il s'agit de diminuer les gaz à effet de serre de plus de 55 % d'ici à 2030 par rapport au niveau de 1990.

Le Plan France Relance apporte un soutien financier aux entreprises qui s'attèlent à la réduction de leurs gaz à effet de serre. Une enveloppe financière importante est déjà budgétée, réservée à l'innovation et l'emploi de nouvelles technologies pour une industrie bas carbone. Elle ne fait pas l'unanimité, beaucoup pensent que c'est l'ensemble des technologies qui nécessitent d'être soutenues pour atteindre les objectifs de décarbonation fixés.

C'est un véritable défi ! Or le recyclage, et/ou l'upcycling ont un atout indéniable dans ce pari. Ils s'adaptent à tous les secteurs industriels, la décoration, la mode, l'ameublement, le bâtiment, la cosmétique, l'alimentaire, le tourisme. L'upcycling mérite d'être accompagné pour déployer tout son potentiel dans l'industrialisation selon un modèle stable et durable. L'industrialisation de l'upcycling a pour bénéfice un gain de productivité et une baisse des coûts de production car, si la matière première est généralement très peu onéreuse, le coût d'un produit upcyclé de façon artisanale, ou en série limitée, supporte les frais de main d'œuvre locale et de conception.

Comment allons-nous pouvoir concilier temps long nécessaire à cette transformation écologique et urgence d'une planète en burnout ?

3 – De grandes entreprises, certaines du CAC 40, se sont déjà engagées dans une économie circulaire

3.1 VEOLIA est le champion de l'économie circulaire à grande échelle, au niveau national et international.

Romain Prudent, le directeur de la Communication France pose le prérequis de l'entreprise : « *Pour Veolia, acteur de référence de l'innovation environnementale, l'enjeu consiste à se connecter à un nouvel éco-système, aux mouvements de l'opinion et aux évolutions de marché dont il se fait l'écho* »

Après la crise de 2008, les entreprises ont connu un nouveau cycle de croissance mais les chocs ont le mérite de soulever des interrogations sur la finalité de l'entreprise moderne. On a pu parler de « refondation de l'entreprise ». Cette autre vision de l'entreprise a abouti à repenser ses objectifs dans le sens de l'intérêt général et environnemental. Quelques grands groupes français ont porté cette vision. VEOLIA est moteur, la nature de ses métiers en fait naturellement un acteur de développement durable. C'est sans doute sa mission originelle quand on se souvient que la Compagnie Générale des Eaux a été créée en 1853 par décret impérial pour répondre aux besoins en eau potable et lutter contre les maladies hydriques, comme le choléra, qui se développaient dans les grandes villes. Le développement durable est en quelque sorte inhérent à sa mission originelle, mais, bien plus encore, l'économie circulaire c'est son engagement moderne. Agir et s'engager pour la transformation écologique est tout à la fois son ambition et sa détermination.

VEOLIA se positionne comme l'entreprise de référence en matière de transformation écologique, écrivant dans son manifeste « changement climatique, raréfaction des ressources, effondrement de la biodiversité, pollutions multiples : l'urgence écologique exige que nous allions au-delà de la seule transition. Nous ne pouvons plus temporiser et adapter progressivement nos façons de faire. L'heure est à la prise de décisions nettes et structurantes. L'heure est à la transformation écologique ».

Et d'annoncer que VEOLIA s'engage à gérer durablement les ressources naturelles en favorisant l'économie circulaire. **Le groupe s'est donné pour objectif d'accroître son chiffre d'affaires lié à l'économie circulaire, mettant ainsi clairement cet engagement au cœur de sa stratégie. 5,2 milliards d'euros de CA ont été réalisés dans le cadre de l'économie circulaire, en 2021.** Les objectifs de 2020 sont dépassés : 3,8 milliards d'euros de CA avaient été réalisés.

Son plan d'action est musclé :

① Lutter contre les pollutions en réduisant les rejets et déchets ultimes des installations. En 2020, 70,6 % de tous les déchets traités (solides, liquides, dangereux) sont valorisés en matière ou en énergie.

② Préserver les ressources naturelles en diminuant les consommations d'eau, d'énergie, de matières et en augmentant sa capacité à fournir des matières recyclées de qualité, en adéquation avec les besoins des industriels.

③ Développer l'économie circulaire en implémentant des modèles contractuels innovants, basés sur l'éco-conception et l'économie de la fonctionnalité.

Ses solutions sont concrètes, le site officiel de l'entreprise en décline les outils :

- **Des partenariats clés avec des parties prenantes** : la Fondation Ellen MacArthur (initiative "The New Plastics Economy"), des clients (ex. Danone), des start-up (ex. Eqosphère), des organisations internationales (ex. World Business Council for Sustainable Development)…
- **Des programmes de Recherche et Innovation** (sur l'efficacité, le recyclage, le traitement des pollutions complexes...) et **des Comités Matières spécifiques à certains matériaux** (ex. plastiques, biodéchets...)
- **Un plan d'objectifs environnementaux à trois ans**, pour améliorer la performance environnementale du

Groupe ; et **un Système de Management Environnemental (SME) déployé au niveau de chaque pays.**

- **Des outils d'empreinte et d'analyse de risques eau**, le Water Impact Index ou l'outil "True Cost of Water" (combinant les coûts d'investissement et d'exploitation avec une analyse de risques et évaluation financière)
- **Un site internet "Living Circular" dédié au partage de bonnes pratiques dans le domaine de l'économie circulaire.**

Ces chiffres de l'économie circulaire mise en œuvre, et ce plan d'actions détaillé sont bien sûr donnés sur le site de l'entreprise. Il est intéressant de les relayer car l'économie circulaire a besoin de se généraliser dans toutes les entreprises. La valeur de l'exemple concret est motivante. C'est là encore une des missions de l'Upcycling Festival.

3.2 NOVETHIC est une plateforme du Groupe Caisse des Dépôts qui se définit comme accélérateur de transformation durable.

Le 19 novembre 2018, Concepción Alvarez nous rassure sur le site de NOVETHIC : « En février 2017, 33 grandes entreprises s'engageaient en faveur de l'économie circulaire. Presque deux ans après un premier bilan est dressé par l'AFEP, cette organisation patronale qui réunit les patrons de puissantes entreprises françaises. Les conclusions indiquent que 95 % des promesses engagées suivent le rythme prévu, 16 % d'entre elles sont même sont en avance. La mobilisation est bien lancée. Brune Poirson, alors encore Secrétaire d'Etat à la transition écologique et solidaire se réjouit de cette avancée et organise un colloque qui réunit les acteurs du secteur de l'économie circulaire. **Novethic présente dix de ces trente-trois entreprises engagées dans l'économie circulaire**.

- **Le Crédit Agricole** recycle ses cartes bancaires. La banque est intervenue à la seconde édition de l'Upcycling

Festival. En 2017 elle a recyclé 16,5 tonnes de cartes bancaires. Elle travaille à l'écoconception de ses moyens de paiement, et propose dorénavant des chéquiers issus de forêts gérées durablement.

- Chez **ELIS**, le recyclage des textiles en chiffons industriels ou en isolants a augmenté de 18 % en 2017. L'entreprise s'engage à valoriser 90 % des textiles usagés d'ici 2020. Elle a réduit de 29 % la consommation d'eau dans ses blanchisseries par rapport à 2010, avec l'objectif d'atteindre 35 % en 2020.
- **La FNAC** affiche l'empreinte environnementale de ses produits high-tech. En juin 2017, le groupe impose sur ses téléviseurs un nouveau logo qui indique leur impact environnemental. C'est un premier pas !
- **Le groupe LAFARGEHOLCIM** mise sur les matières premières recyclées. Il a pour objectif annoncé de recycler 80 millions de tonnes de déchets par an d'ici 2030. 53 millions de tonnes ont déjà été traitées en 2017. Le cimentier espère multiplier par quatre son offre de granulats recyclés d'ici 2030 avec un objectif de 26 millions de tonnes. A Avignon, la construction de la nouvelle ligne de tramway lui a permis de récupérer les déblais du chantier et de les recycler en granulats qui ont servi à la construction des voies.
- **L'Oréal dit stop au pvc !** Depuis début 2017, le leader de la beauté s'est engagé à ne plus fabriquer de produits contenant du pvc. Fin 2018, il ne représente plus que 0,007 %du plastique utilisé. Le groupe travaille aussi sur des systèmes de recharge. Ainsi, Lancôme, une marque du groupe, a-t-elle lancé un soin du visage dans un pot rechargeable. Le pot et deux recharges représentent une diminution du poids en packaging de 58 % par rapport à l'achat de trois produits traditionnels. Le fameux slogan de L'Oréal « parce que je l'vaux bien ! » prend enfin tout son sens pour le consommateur.

- **ORANGE procède à l'évaluation des métaux rares de ses équipements**. Orange a lancé une analyse de la criticité des ressources rares contenues dans ses principaux équipements. A partir de ce recensement, le groupe a introduit des clauses dans les contrats avec ses fournisseurs. Le groupe travaille aussi sur la possibilité de substitution des ressources à risque, et développe le recyclage des équipements.
- **PERNOD RICARD vise le zéro déchet en décharge et 100 % d'emballage recyclable**. En 2018, dans les usines Pernod Ricard, on est passé à 800 tonnes de déchets mis en décharge, ce qui a divisé par dix la quantité de déchets depuis 2010. Actuellement, 90 % des emballages du groupe sont recyclables. Voilà qui va réjouir la Provence !
- **PSA construit ses voitures avec 30 % de matériaux verts en Europe depuis 2015.** La société ambitionne d'atteindre ce niveau de matériaux verts, recyclés, naturels ou bio-sourcés, dans le reste du monde d'ici 2025.
- **MICHELIN milite pour l'allongement de la durée de la vie de nos pneus.** Quand on sait le prix des pneus, l'entassement des pneus usés dans les décharges, c'est une bonne nouvelle ! Un pneu neuf présente une profondeur de sculpture d'environ 8 millimètres. Certains fabricants (non acquis à l'économie circulaire !) préconisent d'anticiper le changement des pneus à environ 3 millimètres, c'est-à-dire bien avant la limite minimum fixée par la législation à 1,6 millimètres. MICHELIN a calculé qu'attendre ce niveau d'usure permettrait d'éviter l'utilisation de 100 millions de pneus par an et de réduire les émissions de $CO2$ de 6,6 millions de tonnes en Europe.
- **SEB s'engage sur la réparation et la location de ses appareils**. Sur 90 % des nouveaux produits commercialisés, SEB affiche le logo « produit réparable 10 ans », depuis 2016. C'est une réussite ! Dès 2017, le taux de produits

réparés en Europe parvient à 82 %. En France, 6 millions de pièces détachées sont stockées, leur livraison peut être assurée en 48 heures en Europe de l'Ouest.

Le Groupe SEB et MONOPRIX ont lancé le concept « Eurêcook » en partenariat avec le réseau d'insertion professionnelle ENVIE. Huit appareils culinaires SEB peuvent être loués chez MONOPRIX pour le soir même. Il suffit d'aller les chercher à l'enseigne commerciale et de les rapporter. Pourquoi encombrer sa cuisine d'appareil onéreux et consommateurs d'espace quand on en a l'utilité que pour certaines occasions ?

Ces exemples, pleins de promesses positives, attestent de l'engagement des grandes entreprises dans le cadre de leur RSE. On constate que les grosses organisations commencent par mettre en place leur démarche upcycling par la collecte et le recyclage. Recensement des gisements de déchets en interne, élargissement aux différents partenaires. Recyclage des tonnes de déchets des produits existants, afin de produire une énergie verte. **L'utilisation des produits recyclés débouche en toute logique sur de nouveaux produits dits *upcyclés*. Cette étape est fondamentale dans la course à la décarbonation et participe pleinement à la démarche d'upcycling de ces entreprises qui, une fois le processus enclenché, trouvent là un catalyseur des usages de leurs produits et services. Une économie industrielle circulaire est alors mise en œuvre en toute logique, avec une création d'emplois substantielle à la clé.** On peut parler ici de nouvelle révolution industrielle, au sens étymologique de cycle, d'imprimer un mouvement circulaire à, et de changement inéluctable des comportements.

3.3 - La SNCF s'est engagée dans l'industrialisation de l'upcycling en s'investissant pleinement dans une économie circulaire.

Souvenez-vous du slogan de la SNCF : *« Avec la SNCF tout est possible »*. Ils l'ont fait. **En novembre 2021, la SNCF a communiqué sur son site sncf.com son vaste plan de recyclage de ses trains, ses voies, ses tenues professionnelles, et ses ordinateurs**. Pas de demi mesures. Des actions lourdes et engageantes pour l'avenir. C'est dire combien cet énorme consommateur de matériaux divers a pris le chemin de l'économie circulaire.

Mikaël Lemarchand, directeur du projet d'entreprise, annonce : « SNCF s'inscrit dans une trajectoire "zéro déchet non valorisé" d'ici 2030 en exploitant toutes les possibilités : l'éco-conception, le réemploi des matières constitutives des déchets ou produits en fin de vie ».

Voilà une démarche industrielle d'upcycling à grande échelle et à valeur d'exemple. **L'entreprise est engagée dans une lutte concrète contre l'épuisement des ressources, et les impacts de sa production de matières et de déchets sur l'environnement et la biodiversité à travers la combinaison de trois démarches : limiter sa consommation, réduire les déchets dans l'ensemble de ses processus d'exploitation, revaloriser les produits en fin de vie**. Une démarche en boucle !

55 000 tonnes de matériaux sont valorisées actuellement en toute sécurité chaque année. Les matériels roulants en fin de vie sont démantelés puis valorisés. Les pièces détachées sont stockées, réparées, pour être réutilisées sur le parc en activité. Les économies de maintenance sont énormes. Et Mikaël Lemarchand de poursuivre : « nous travaillons avec des fournisseurs qualifiés pour le démontage et la dépollution des matériels et plusieurs usines de démantèlement sont ainsi mises à contribution : 4 usines déjà opérationnelles, et 3 sont en cours de construction. **La mise en**

place de ces filières de démantèlement contribue à l'essor d'une nouvelle industrie de l'économie circulaire ferroviaire, avec la création d'environ 400 emplois dans les territoires. Près de 12 000 caisses de matériels roulants seront valorisées (réemploi de pièce et recyclage de matière) entre 2018 et 2028. En 10 ans, cela représentera, au minimum, l'équivalent d'un linéaire cumulé de 250 km de train ». Belle image qui nous permet de réaliser concrètement les résultats attendus, en cours de réalisation.

Mikaël Lemarchand communique avec clarté : « Les opérations de maintenance et de modernisation des lignes ferroviaires génèrent des quantités importantes de produits de dépose : rails, ballast, traverses en bois et en béton… Le réemploi et le recyclage permettent d'économiser les ressources minérales et végétales tout en diminuant l'empreinte environnementale, car elles évitent la phase d'extraction, forte consommatrice d'énergie et d'eau. L'économie circulaire permet aussi de lutter contre la raréfaction des métaux. Ainsi, par exemple, si elles ne sont pas réemployées directement dans les nouveaux chantiers ferroviaires, les traverses en béton sont concassées pour une utilisation pour le BTP, le ballast est valorisé en sous-couche routière.

En moyenne chaque année, 3 millions de tonnes de matériaux sont déposés et prennent le chemin du réemploi ou du recyclage. Cela représente 300 Tours Eiffel.

Pour les petits matériels (vis, écrous, matériel de signalisation…) une recyclerie a été créée à Beaune, en Bourgogne Franche-Comté. Tous les produits récupérés sont passés au crible par une petite équipe de travailleurs en insertion professionnelle. Un outil de traçage permet de suivre ces nouveaux stocks créés, et les nouveaux approvisionnements qu'ils génèreront. SNCF Réseau s'est fixé un objectif de 100 % de valorisation des composants issus de ses chantiers de travaux d'ici 2025 ».

Le développement d'une économie circulaire productive à la SNCF ne s'arrête pas là. En novembre 2019, l'opération **« La Grande Collecte »** recense 60 000 matériels de type ordinateurs, smartphones, tablettes pour les insérer dans la voie de l'économie circulaire, en partenariat avec la société OLINN, une entreprise d'audit, de reconditionnement et de remise en vente du matériel sur le marché à des prix très attractifs. Cette opération réussie s'inscrit de surcroît dans une démarche responsable et solidaire en permettant à la SNCF de réinvestir une partie de ses bénéfices dans le soutien à des projets associatifs, notamment en faveur de l 'inclusion numérique des plus fragiles. Dans le droit fil de ces opérations, une plateforme pour un numérique engagé a été créée, invitant toutes les entreprises qui le souhaitent à se joindre à sa démarche d'économie circulaire et solidaire en s'appuyant sur la filière créée pour le réemploi du matériel informatique.

Toutes ces informations sont extraites du site de la SNCF. Elles méritent d'être relayées intégralement tant l'effort consenti est important.

4 – Comment industrialiser les startups industrielles ?

Si la législation européenne, transposée par les législations nationales au sein de l'Europe des Vingt-sept, oblige les entreprises à s'engager sérieusement dans une économie circulaire capable de ménager, voire de réparer notre environnement, on constate que les grandes entreprises sont montées dans le train en marche pour beaucoup et se donnent les moyens d'atteindre les objectifs imposés à l'horizon 2030. Les incitations financières les accompagnent, certes, mais là encore, l'intelligence collective fait son œuvre au sein d'entreprises qui deviennent plus agiles. L'intelligence collective n'est pas une vue de l'esprit mais un véritable phénomène sociétal. Qu'en est-il cependant des petites et moyennes entreprises qui cherchent à sortir de la production linéaire ? Qu'en est-il également de ces startups qui ont besoin de s'industrialiser pour sortir de la production à la commande ou en séries limitées ? La troisième édition de l'Upcycling Festival, cette année, compte apporter des éclairages inspirants.

Le Ministère chargé de l'Industrie évalue le nombre de strartups à vocation industrielles en France à environ 1 500, soit 12 % des startups. Les critères retenus pour définir ces startups sont : entreprises de moins de 15 personnes, de taille encore réduite (PME, ETI), ne générant pas encore forcément de chiffre d'affaires et dont l'activité, innovante, se traduit par la production en série de biens matériels. Elles évoluent dans des secteurs stratégiques tels que les biotechnologies, la santé, la robotique, et l'énergie.

Au cours de leur première phase de R&D et d'analyse de leur marché, ces startups peuvent avoir accès à des aides publiques mises en place dans le cadre de la politique de soutien à l'innovation, et de la multiplication des structures d'accompagnement, les incubateurs par exemple, ou les fablabs, mais aussi des grandes entreprises.

Si les startups réussissent ces phases initiales, elles ont le choix pour poursuivre. Elles peuvent intégrer la production et passer en phase d'industrialisation, c'est ce que l'on a vu avec la société ICTYOS, les cuirs marins à Marseille. Elles peuvent aussi décider de sous-traiter tout ou partie de la fabrication du produit en instaurant des partenariats, c'est ce qu'a fait la société CLICK&DIVE en instaurant un partenariat avec FIL&FAB dans nos exemples précédents, mais aussi la startup WETURN avec LVMH, et bien d'autres aujourd'hui. Enfin, elles peuvent vendre le produit de leur R&D à d'autres entreprises. Le choix est un choix entrepreneurial.

Mais le parcours, est un parcours de combattant. Les financements ne sont pas aisés à trouver pendant la phase de R&D, les financeurs en fonds propres ne sont pas vraiment motivés par l'investissement de capitaux patients. Or le financement des démonstrateurs va de 5M € à 30 M €, l'installation des premières usines de 20 M € à 150 M €. A cela s'ajoutent les difficultés administratives quand on innove, la recherche du foncier à proximité des bassins d'emplois. **C'est pourquoi l'accompagnement des startups à vocation industrielle est une nécessité absolue, particulièrement au sein des territoires**. Incubateurs, accélérateurs, clusters, laboratoires de recherche, Bpifrance, et surtout les grandes entreprises dans le cadre d'une économie circulaire.

4.1 Le Collectif Startups Industrielles France accompagne l'amorçage industriel des startups dans une démarche circulaire.

Eléonore Blondeau, conférencière de l'Upcycling Festival à Lyon, a co-fondé **le Collectif Startups Industrielles France, association d'intérêt général, qui a pour vocation de faire connaître l'existence des startups industrielles et d'accompagner l'évolution de l'écosystème startup en faveur de son industrialisation dans une démarche d'économie circulaire.** « La vision est de promouvoir et faire évoluer l'écosystème startup en faveur des projets industriels circulaires par le biais d'actions concrètes » précise le site du Collectif. Ces actions concrètes doivent permettre de démontrer que l'économie gagne à être circulaire, en prenant en compte son impact environnemental et social tout au long du cycle de vie du projet.

Les startups industrielles ont besoin d'être accompagnées afin de réussir leur industrialisation dans les trois étapes de leur développement, à savoir la phase R&D/Prototypage, la phase de pré-industrialisation, et le passage à la grande série. Cela sur le plan financier, certes, mais aussi foncier et humain.

Le grand défi de l'industrialisation de ces startups consiste à produire mieux mais moins, en intégrant les 7 piliers de l'économie circulaire sur l'ensemble de la chaîne de valeur. **Leur industrialisation doit chercher la meilleure façon de répondre à un problème en mettant l'accent sur la notion d'usage de leurs produits plutôt que sur la technologie de leurs productions.** C'est une approche tout à fait innovante qu'Eléonore Blondeau maîtrise parfaitement.

Le Collectif promeut **une démarche d'innovation à plusieurs niveaux :**

- L'innovation peut porter sur l'amélioration des produits, des services ou des usages, ou encore sur l'introduction de nouveaux produits.
- L'innovation peut également porter sur l'organisation en changeant la manière dont l'entreprise organise le travail, ou encore sur les procédés en modifiant sa chaîne logistique.
- L'innovation peut cibler le marketing et le secteur commercial. On modifie alors la présentation des produits ou services, leur distribution, la tarification, la promotion, l'offre.
- L'innovation peut carrément porter sur le business model lui-même de la startup lorsqu'elle réorganise sa structure et ses coûts.
- L'innovation peut avoir une portée sociale lorsqu'elle répond à des besoins sociaux.

Mise à plat de l'existant, réflexion collective, accompagnement par des organisations expertes tel ce Collectif Startups Industrielles France, élaboration d'un nouveau business model et formations sont les points clés d'une industrialisation des startups concernées. Il va de soi qu'une telle façon de concevoir l'industrialisation des startups s'inscrit dans la valorisation des territoires et dans une logique de co-construction.

Le Collectif et ses partenaires ont produit *un Manifeste* des solutions très riches en propositions. Dans la rubrique INDUSTRIE CIRCULAIRE, le *Manifeste* indique :

« Ne plus opposer ni traiter séparément Industrie et Economie circulaire. La circularité consiste à découpler la production de valeur de l'usage des ressources avec une circulation de la matière la plus locale possible. Au-delà des cœurs d'usine, il s'agit de considérer l'ensemble de la chaîne de valeur, des approvisionnements aux business modèles.

Pivoter vers une industrie circulaire est une approche systémique qui repose sur 7 piliers selon l'ADEME :

①– Approvisionnements durables
②- Eco-conception
③ – Ecologie industrielle et territoriale
④ – Economie de la fonctionnalité
⑤ – Consommation responsable
⑥ – Allongement de la durée d'usage
⑦ – Fin de vie & Régénération, Upcycling

Ainsi, un produit ou un procédé industriel n'ayant pas de rôle écologique ou social dans son utilisation peut-il néanmoins intégrer ces principes dans son développement. De plus l'approche multicritères proposée par cette démarche permet d'intégrer l'impact carbone mais aussi les impacts sur la biodiversité (consommation ressources rares, production de déchets, pollution des eaux…)

Pivoter vers des modèles circulaires au-delà du recyclage apporte six bénéfices : innovation de l'offre et création de valeur ; optimisation des coûts et sécurisation des opérations ; réduction des empreintes matière et carbone ; création d'emplois locaux et pérennes ; réengagement des équipes ; souveraineté et indépendance géopolitique ».

Selon le Collectif Startups Industrielles France, le septième pilier de l'économie circulaire, celui de l'upcycling, est un levier de réussite de l'industrialisation des startups industrielles.

4.2 De grande entreprises accompagnent les startups sur la voie de l'industrialisation.

- **VEOLIA soutient des startups innovantes en faveur de l'environnement** en faisant un appel d'offres en bonnes et dues formes.

Le projet s'appelle **#MAKEITGREEN**. Il a été lancé début 2020 afin de valoriser les meilleures initiatives entrepreneuriales qui impliquent les consommateurs dans les enjeux innovants de la transformation énergétique. Un comité de sélection pluriel rassemble les différentes entités du groupe pour sélectionner des projets qui résonnent avec leurs activités : la Recherche & Innovation, la Fondation, la direction du développement durable, l'Eau France, etc. C'est en fait le seul lieu, constate VEOLIA, où toutes ces parties prenantes peuvent croiser régulièrement leurs perceptions en interne.

Sébastien Flichy, directeur Innovation, Valorisation et Marketing, RVD, témoigne : *« Au sein du comité de sélection, je représente la BU RVD, sous l'angle de l'innovation. J'apporte mon regard et mon expérience liés aux métiers du recyclage et au monde des startups que je connais bien. L'intérêt de la démarche #MakeItGreen repose sur le fait que les sujets abordés, comme Urban Cuisine, sont tournés vers les citoyens que nous ne touchons pas directement, normalement. En promouvant des projets visant, par exemple, à réduire la production de déchets, comme UNISOAP [Marseille], ou à favoriser leur utilisation via la valorisation agronomique, nous pouvons imaginer de développer une offre de services dédiée aux collectivités en lien avec la startup. »*

Cet exemple montre bien l'intérêt partagé à ce qu'une une grande entreprise accompagne une startup sur la voie de l'industrialisation. Chacune apporte des bénéfices multiples à l'autre. L'enrichissement est mutuel à tous égards.

- **LVMH collabore avec WETURN, une jeune startup fondée en 2020, entreprise à mission.** Elle s'est donnée pour mission de développer la première filière de recyclage dédiée aux invendus textiles, rouleau de tissus et chutes de confection des grandes Maisons protégées par la propriété intellectuelle, en les transformant en fils de qualité, 100 % traçables et européens. La raison d'être de WETURN consiste à limiter le recours aux ressources naturelles grâce au réemploi et au recyclage de ressources existantes.

Le taux de recyclage en boucle dans la filière textile est actuellement inférieur à 1 %. En aidant plusieurs Maisons du groupe VMH dans le recyclage de leurs textiles invendus en futurs produits (packaging, accessoires, toiles pour les ateliers, uniformes pour les équipes), la solution innovante de WETURN permet d'atteindre des taux de recyclage supérieurs à 50 % !

Hélène Valade, directrice Développement Environnement fait un beau résumé de la démarche en déclarant : « *Nous sommes heureux que le groupe LVMH s'associe à WETURN, qui propose des solutions innovantes dans le domaine du recyclage textile. Aujourd'hui, ce partenariat nous permet d'amorcer une nouvelle étape pour atteindre notre ambition dans le domaine de la circularité créative, qui constitue l'un des 4 plans stratégiques de notre politique environnementale sur les dix prochaines années, LIFE 360. Alors que nos designers intègrent de plus en plus l'upcycling dans leurs collections, que la plateforme Nona-Source leur permet de se procurer des tissus et des cuirs non utilisés de grande qualité, et que CEDRE intervient sur la fin de vie des produits finis invendus, leurs tissus siglés et emballages textiles. C'est ainsi un écosystème complet autour de la circularité créative, source d'inspiration de nos créateurs, qui se met en place. La boucle est bouclée ! »*

Ainsi le partenariat avec LVMH a-t-il permis, en moins de deux ans, de créer et développer une nouvelle filière de recyclage dédiée aux invendus textiles de grandes Maisons en les transformant en nouveaux fils de qualité, dans une logique d'économie circulaire et de conformité règlementaire.

Une autre façon d'accompagner les startups industrielles, c'est la révolution en cours des grandes filières qui se mobilisent, s'organisent et fédèrent tous les acteurs professionnels d'une même filière.

4.3 Les filières s'organisent dans un branle-bas de combat impressionnant.

➢ ***L'industrie textile et la mode s'emparent de l'upcycling.***

La *fast food* a trouvé son corolaire avec la *fast fashion.* Le boum de la mode, la consommation sans cesse renouvelée de vêtements et accessoires rapidement mis au rebut, sont l'une des conséquences de la mondialisation. Selon la *Ellen MacArthur Foundation*, nous achetons 60 % de vêtements de plus qu'il y a vingt ans, et nous les gardons moitié moins longtemps. Et d'après le mouvement *Timeout for Fast Fashion*, porté par Greenpeace, plus de 100 milliards de vêtements sont vendus dans le monde chaque année. Cette production étant internationalisée, les vêtements peuvent faire plusieurs fois le tour du monde avant d'être vendus en boutiques. D'où les 1,2 milliards d'émissions de gaz à effet de serre dénoncés par *l'International Energy Agency* aux Etats-Unis.

La mode est également accusée d'être responsable d'une catastrophe écologique car le coton, sa matière première, est cultivée de façon intensive aux Etats-Unis, au Brésil, en Chine, en Inde, au Pakistan. Selon l'OMS, la culture du coton dans ces pays regrouperait 25 % des insecticides et 10 % des pesticides mondiaux. Elle impacte aussi gravement la gestion de l'eau. Par exemple, pour fabriquer un T-Shirt, il faut l'équivalent de 70 douches ; pour un jean, 285 douches. Ces chiffres sont édifiants en effet.

Difficile d'échapper à la mode, la publicité à outrance nous incite à acheter, les vitrines sont des cavernes d'Ali Baba, les réseaux sociaux entretiennent le désir grâce à de savants algorithmes, les influenceuses se posent en expertes de la recommandation. Elle est omniprésente dans notre quotidien. C'est pourquoi nous lui avons consacré conférences, tables rondes et ateliers dans nos deux premières éditions de l'Upcycling Festival. Force est de constater que si l'industrie du textile est source de pollution de la planète, les comportements des consommateurs changent depuis peu, et la filière du textile se mobilise pour apporter des solutions vertueuses et durables.

- **Pierrick Chalvin, Président de UNITEX**, est présent dès le premier festival de l'Upcycling. **Son organisation professionnelle représente les 600 entreprises du textile dans la région Rhône-Alpes, 1ère région industrielle textile en France.**

Pierrick Chalvin, bien au fait de l'évolution du secteur du textile, nous éclaire : la consommation éco-responsable n'est plus un effet de mode, mais un mouvement de fond qui impacte désormais la filière dans son ensemble, du sourcing matière au consommateur, en passant par l'industrie textile et la confection.

Lui aussi donne des chiffres officiels, qui révèlent des progrès significatifs, et vont nuancer un peu l'effet catastrophe des chiffres alarmants donnés plus haut.

- Près de la moitié des consommateurs européens déclarent avoir acheté des produits de mode éco-responsables en 2019 ;
- En France, les consommateurs qui en ont acheté y ont consacré un budget annuel de 370 euros en moyenne ;
- Les achats de seconde main progressent : 56 % des femmes américaines et 42 % des Françaises.

La filière française fait figure de bon élève, l'éco-conception étant clairement au centre de ses préoccupations depuis un moment déjà. Il est absolument nécessaire de se poser la question quand on fabrique un produit : que devient-il à la fin ?

UNITEX peut témoigner de plusieurs expériences très encourageantes qui préjugent d'un bond en avant de la filière du textile en France en matière de développement éco-durable.

« Un pôle de recherche organise des projets collaboratifs avec des industriels pour faire émerger des projets autour du recyclage, car on a besoin de valoriser nos déchets dans l'industrie, que ce soient des déchets de production ou qui concernent les produits finis. » explique Pierrick Chalvin

« C'est une démarche qui concerne toute la filière du textile en France, et au-delà, l'Europe. **Le Centre européen des textiles innovants, à Tourcoing**, a été inauguré en 2019. Il a mis en place un démonstrateur semi-industriel qui permet aujourd'hui de recycler des fibres de coton. C'est exceptionnel, ça n'existe nulle part ailleurs ! » nous apprend Pierrick Chalvin.

Une convention a été passée entre UNITEX et le Conseil Régional Rhône-Alpes sur la question de l'économie circulaire. C'est la seconde filière à s'y engager. Il s'agit de **commencer par recenser les gisements de déchets industriels et d'étudier ensuite comment on peut les valoriser**. Il y a actuellement une volonté très forte des industriels d'aller dans ce sens. L'aspect global de cette démarche ouvre des horizons positifs ! Le recensement des gisements de déchets est un problème complexe en soi, car ces gisements sont multiples, multiformes et pas forcément immédiatement visibles. L'Upcycling prend tout son sens dans cette démarche.

Les chiffres clés de la filière sont essentiels. Sur 650 000 tonnes de produits textiles mis sur le marché, on répertorie 427 000 tonnes pour le textile d'habillement, 121 000 tonnes pour le linge de maison, et 100 000 tonnes fournies pour les chaussures.

Or, **seuls 38 % sont collectés** (déposés dans des associations, au Relais, chez Emmaüs ou à la Croix Rouge). Cela signifie que tout le reste dort dans nos placards ou part à la poubelle, pour finir incinéré ou enfoui. On voit bien qu'un recensement exhaustif des gisements de produits textiles est parlant en soi et nous incite à modifier nos comportements d'usagers. Il convient d'intensifier la collecte pour parvenir à des résultats efficients.

Pierrick Chalvin pose la question que tout le monde se pose dans l'assistance : **comment intensifier la collecte** ? Selon lui, nous avons deux leviers à notre disposition :

- **Tout d'abord un levier règlementaire : la loi anti-gaspillage de Brune Poirson pour une économie circulaire**. Brune Poirson est alors secrétaire d'Etat auprès de la ministre de la Transition écologique et solidaire. C'est la première loi d'envergure en France sur ce sujet, nous sommes en 2019. L'emballage plastique des fruits et légumes est interdit. Le pouvoir d'achat des consommateurs est protégé par la création d'un indice de repérabilité. Et enfin, la loi pose l'interdiction de l'élimination des invendus du commerce, ce qui encourage le don des sociétés à des structures de lutte contre la précarité ou de l'économie sociale et solidaire. Le principe de pollueur-payeur est renforcé, ce qui engage la responsabilité des industriels dans la gestion de leurs déchets.

Dans le prolongement de la Loi anti-gaspillage, de nouvelles filières sont créées, dans le bâtiment dont les déchets sauvages sont trop souvent montrés du doigt, les articles de loisirs, de sports, de bricolage, les jouets et les mégots, véritable fléau urbain. Cette loi est en effet incitative, mais Brune Poirson, présente au premier festival, précise avec prudence et toujours autant de foi en l'avenir : « Nous ne sommes qu'au début du chemin. »

- **Le second levier consiste à créer des lieux où l'on peut apporter ses vêtements, et surtout, voir ce que l'on en fait.**

Il est un de ces lieux à L'Isle sur la Sorgue : **la recyclerie les 3 ECO**, créée fin 2014 par **Fatiha Ismaili**, qui fonctionne sur le don des déchets de la population, avec ce slogan affiché « Donner plutôt que jeter ». Ce sont des objets du quotidien, quels qu'ils soient, recyclés, surcyclés et remis en circulation commerciale. La recyclerie 3D est également une démarche sociale et solidaire. Sociale parce que sa fondatrice équipe gratuitement en 48 H des familles ayant besoin d'objets du quotidien pour vivre, grâce à une fiche de liaison avec les services sociaux de la mairie. Solidaire parce que l'association possède un atelier de recyclage employant onze jeunes, d'abord en contrats aidés. Ces jeunes éloignés du travail peuvent remettre le pied à l'étrier et accéder ensuite à un CDI.

- Dans le prolongement de l'intervention de Pierrick Chalvin, **Annick Jehanne présente le FASHION GREEN HUB, un réseau d'experts de l'économie circulaire dans la mode.**

L'association a été créée en 2015 à Roubaix dans les Hauts-de-France. « On est parti d'un ras le bol de personnes qui ont dit stop, on aime la mode mais on ne la supporte plus. 300 entreprises décidées à ce que ça change nous ont rejoints ».

L'objectif de Fashion Green Hub consiste à favoriser l'émergence d'une mode responsable, durable et inclusive. Le marché de la mode en France importe 97 % de ses besoins, c'est dire que le marché de l'industrie textile et de la confection a perdu 90 % de sa force en 40 ans. C'est impressionnant, mais on constate que la roue tourne, la réindustrialisation locale se remet en place.

Elle a la conviction que la mode doit changer très vite et rebâtir un business model différent, qui diminue son impact sur la planète, offre des produits créatifs aux consommateurs, des produits fonctionnels, qui ne nuisent pas à la santé, qui durent dans le temps et sont fabriqués dans des conditions humaines. Ce nouveau paradigme doit permettre une activité économique pérenne à ses acteurs, à toute la chaîne de la matière jusqu'à sa commercialisation, et enfin recréer des emplois locaux.

L'upcycling est le moyen de favoriser l'émergence d'une mode responsable avec un véritable accompagnement. Pour Annick Jehanne, ce n'est pas une idée nouvelle. Au contraire, elle est plutôt ancienne. Le grand couturier de mode, Martin Margiela, créait des collections somptueuses en allant chercher des vêtements aux puces, des fripes, qu'il assemblait pour les transformer. « L'upcycling est un concept qui se développe parce que nous avons pris conscience qu'on n'a plus le choix, on ne peut plus continuer à épuiser les matières premières. Il faut faire avec ce qui est déjà là. L'Upcycling re-sollicite notre créativité, dit-elle. C'est un terrain de jeu extraordinaire pour les stylistes, notamment les jeunes. Il y a des stocks dormants partout, et ils sont gratuits ».

Fashion Green Hub a mis en place de nombreux projets d'Upcycling et fabriqué dans son atelier environ 10 000 produits. L'association tient à intensifier cette activité en formant de futurs salariés pour les ateliers dans la région. Elle ambitionne de recréer des ateliers de proximité pour les personnes privées d'emploi. **Le volet formation est important, dans son atelier ou via des Moocs**. Depuis 2020 Fashion Green Hub organise des formations à la conception virtuelle et à la couture industrielle.

Son atelier de fabrication a été ouvert à Roubaix en 2018 en direction des jeunes marques qu'elle accompagne en termes d'Upcycling.

L'association a également créé une plateforme pour une mode durable et responsable, le Fashion Green Lab, qui œuvre pour des sociétés telles que La Redoute, Blanche Porte. Par exemple, pour Blanche Porte le Lab a créé une ligne d'accessoires de mode confectionnés à partir de leurs stocks de linge de maison dépareillé. Pas de gaspillage, pas de déchets ! C'est une démarche totalement circulaire.

Annick Jehanne insiste sur la nécessité de travailler en synergie réseau :

« Travailler ensemble duplique les bonnes pratiques ». C'est pourquoi l'association est à l'origine des **Fashion Green Days** depuis 2017. C'est un rassemblement d'acteurs qui militent pour une mode différente. L'objectif est de partager des solutions pratiques, de mettre en commun ce qui marche ou ne marche pas.

Ce qui est frappant dans les interventions de Pierrick Chalvin ou d'Annick Jehanne, c'est de voir combien la filière du textile se mobilise en France et se transforme de façon très créative depuis 2014 environ, avec une accélération sensible dès 2016, et devenue significative sous l'effet de la pandémie. L'intelligence collective est mise au service de la création pour la plus grande satisfaction des consommateurs.

L'accompagnement de la filière répond à une demande des consommateurs, certes, mais aussi des entreprises qui font actuellement leur révolution industrielle en interne.

Faisons un **petit focus sur La Redoute**. Depuis son rachat par les Galeries La Fayette, La Redoute est devenue l'un des leaders e-commerce français. Elle a fait le choix du « made in local », et de surcroît d'une ligne seconde main, donnant du sens aux salariés de l'entreprise et aux clients.

Lors d'une interview de Teddy Follenfant, la directrice de sa RSE, explique que l'entreprise est adhérente au Global Compact depuis 2017, traduction pour les entreprises des objectifs de développement durable. Rappelons que le Global Compact, ou Pacte Mondial est un programme de l'ONU, créé en 2000, qui vise à impliquer les entreprises, et maintenant les organisations non lucratives, dans le respect de 10 principes clés afin de construire une société plus durable.

La Redoute a à cœur d'agir avec 3 ambitions fortes :

- 100 % de produits responsables sur la Redoute Collection en 2022, et en 2025 pour La Redoute Intérieur. Que signifie une production responsable chez La Redoute ? C'est une production qui répond au cahier des charges *Go For Good* (littéralement « faire pour de bon ») et 100 % Made in Europe.

- C'est aussi un objectif pour les emballages : en 2030, La Redoute devra être entreprise zéro plastique à usage unique.

- Enfin en 2030, elle devra être neutre carbone comme l'exige la nouvelle règlementation, c'est-à-dire **faire sa part dans la transition écologique en donnant une priorité à la réduction de ses émissions de gaz à effet de serre**.

Ces objectifs ambitieux ont conduit La Redoute à modifier son prisme sur la RSE. Traditionnellement, sa RSE porte sur la gestion des déchets, la mise en conformité avec la loi, et parfois mener des actions volontaristes. **Aujourd'hui la particularité de cette stratégie, c'est qu'elle impacte tous les métiers et donc le business model. L'économie circulaire est le modèle pour l'avenir. C'est une révolution en soi. Là encore la création d'emplois est dynamisée.**

Si La Redoute ne souhaite pas devenir une entreprise de produits de seconde main, elle n'ignore pas néanmoins qu'en 2028, 40 % des transactions se feront en seconde main dans le secteur du prêt à porter, elle offre donc un service à ses clients avec la création de la plateforme *Rebelote.fr*. Comme l'économie circulaire se construit avec plusieurs briques, la plateforme a d'abord vérifié l'intérêt des clients, et élargi ensuite la seconde main sur l'ameublement, avec du mobilier de seconde main.

On voit bien l'intérêt d'une telle démarche. Rebelote met en ligne des produits de seconde main dont les vendeurs sont des professionnels, assurant ainsi la qualité des produits, elle fait rimer numérique avec boutique, en donnant la liste des vendeurs de proximité du client, et donne ainsi une priorité au « clic et collecte », un comportement très apprécié des consommateurs.

Que d'exemples constructifs, porteurs de foi en l'avenir, cet UPCYCLING FESTIVAL met en scène avec brio ! La mobilisation du secteur du textile et de la mode est une profonde révolution à la fois industrielle et sociologique, avec des répercussions importantes sur la santé dès lors que les fibres sont éco-conçues. Nous ne pouvons plus consommer comme auparavant. Consommer mieux devient une évidence. Donner à voir concrètement, rendre visible ce qui se joue positivement en dehors de nos chaumières, au sein d'entreprises ou de collectifs de professionnels, dans les coulisses de la société, permet de modifier les comportements des consommateurs à l'unisson de la nouvelle révolution industrielle qui mobilise nos entreprises. Le levier du changement agit conjointement, il garantit les chances de succès de cette aventure du troisième millénaire.

Néanmoins, les nouvelles affligeantes perdurent sur les réseaux sociaux. A quoi sert de marteler que la mode est le second plus grand pollueur de la planète au lieu de mettre en lumière la transformation profonde et rapide de la filière ? C'est faire du renforcement négatif et cela tend à déresponsabiliser chacun. « Il faut bien que je m'habille ! je ne suis pas responsable de ce système, les responsables ce sont les fabricants qui produisent au bout du monde ». Il convient d'apporter un recadrage à ce renforcement négatif. On ne peut plus se défausser. Chacun, chacune a une part à assumer dans le devenir du monde. C'est au contraire en montrant le chemin à suivre, par les exemples, par les témoignages, les expériences vécues, par la rencontre des professionnels, que l'on motive à participer à la transformation salutaire de notre monde.

➢ ***L'Upcycling dans l'ameublement et l'aménagement des espaces***

La filière de l'ameublement est également en grande transformation, avec des actions créatives, innovantes et structurelles très intéressantes.

- **Pascale Balavoine**, créatrice de **L'ATELIER SECOND JOUR**, à Cadenet (Vaucluse) témoigne pour UPCYCLING TV, la web TV du festival. Pendant près de douze années, elle a travaillé dans le secteur des Ressources Humaines pour de grands groupes. Elle aussi a été interpelée par différentes expériences d'upcycling et par la nécessité de s'inscrire dans une économie circulaire. Elle décide un jour de sauter le pas, et entreprend une reconversion en faisant une formation à l'école Garance à Rians dans le Var. Cette école propose une formation diplômante de peinture sur mobilier, de relooking de meubles anciens. Pascale est enchantée par cette formation qui lui fait découvrir un univers nouveau plein de promesses. Cette formation est présentée sur le site web de l'école comme étant un métier d'art résolument moderne, à la croisée de différents mondes : la reconversion par la formation professionnelle, car c'est un métier qui n'a aucune formation initiale ; la transmission de savoir-faire très spécifiques ; une excellence française enviée à l'étranger ; la valorisation de la vie des territoires, sachant que la majorité de ses élèves ont installé leur propre atelier, et c'est le cas de Pascale Balavoine qui a suivi une formation intensive en quatre mois ; enfin, c'est une activité liée au développement durable, aux métiers de la réparation et du ré-emploi.

Aujourd'hui Pascale Balavoine se réalise pleinement dans son atelier où elle récupère de vieux meubles apportés par ses clients, ou tout simplement chinés par elle-même, des miroirs également... Elle leur donne une seconde vie, les restaure à travers une mise en couleurs, des effets artistiques qui vous rendent fiers de redonner une belle place chez vous à un vieux meuble dont la présence finissait par vous déranger. Adepte de l'éco-conception, elle fabrique elle-même ses peintures afin de limiter le plus possible l'impact sur l'environnement, ou utilise des couleurs de la base *Aircare* qui absorbe les particules volatiles et les détruit en les absorbant.

Pascale Balavoine constate que les gens donnent de plus en plus d'importance à leur intérieur, souhaitant qu'il soit le plus sain possible, depuis le confinement. Sa démarche professionnelle a de l'avenir !

- **Jérôme Peyronnet**, artisan créateur de **L'ATELIER ARTJL**, à Montpelier, a pour passion de transformer les anciens radiateurs de nos aïeux – ceux que nos factures d'énergie actuelles ne nous permettent plus d'utiliser -, des années 30 à 70 en lampes design, audacieuses et absolument uniques. Il n'est que de consulter sa collection étonnante sur son site artjl.fr. « En transformant ce vieil objet en luminaire, nous lui donnons une seconde vie. Nous poursuivons son histoire poétique », se plaît-il à dire. D'où son slogan commercial : « ARTJL lampe éthique et poétique. Rien ne se perd, tout se transforme ». Ex-chimiste, ce créateur est un ardent défenseur du Made in France et de l'upcycling. Il chine, démonte, ponce, remonte autrement, peint, assure le shooting photos, et la commercialisation à prix abordable.

Sa stratégie commerciale raconte une histoire : « Il y a 70 ans, papi et mamie se chauffaient avec ces radiateurs. Désormais ils vous éclairent. Entièrement fabriquées en atelier artisanal, ces pièces uniques sont conçues dans un souci écologique dominant. De différents styles, vintage, art déco, industriel, scandinave, contemporain, chaque lampe a son histoire. A vous d'écrire la suite. Quelle place va-t-elle prendre chez vous ? ». Cette démarche souligne que l'upcycling mobilise l'imaginaire, celui du créateur, mais aussi celui de l'acheteur. Elle fonctionne sur un principe à la fois diachronique (on voit l'évolution de l'objet dans le temps, avec des étapes évolutives) et synchronique (on analyse ce qui se met en place à un moment donné du temps). On est encore dans une démarche globale, circulaire qui redonne vie au lieu d'épuiser la vie sur Terre.

Il est désormais acquis que l'upcycling est une démarche créative qui apporte un supplément d'âme aux objets, autrement destinés au rebut, et une plus-value indéniable par son nouvel usage, et son esthétique réjouissante. Actuellement, le mobilier d'occasion représente environ 10 % du marché, mais sous l'effet de la crise de l'inflation que nous traversons, il est en constante augmentation. Alors, comme dans le textile, la filière ameublement se mobilise et se structure.

- **Le groupe ACCOR lance la marque GREET HOTEL, une nouvelle marque économique.** Les comportements des consommateurs de produits touristiques changent. La priorité est portée sur la simplicité, la convivialité, le « care » à son environnement. On évite le gaspillage, on recherche la récup, le mobilier surcyclé. Le groupe ACCOR a toujours su suivre le mouvement quand il ne l'a pas anticipé.

Chez L'Harmattan, dans la collection Antidote(s), nous avons déjà fait paraître un ouvrage en hommage aux deux créateurs du groupe ACCOR, tant il est vrai qu'au moment même où la société entreprend sa mutation, il est essentiel de valoriser la mémoire des fondateurs qui enrichit la mémoire collective. Raconter le parcours incroyable de ces deux grands capitaines de l'industrie touristique, toujours innovants, battants, allant contre les idées reçues, a pu générer une certaine nostalgie. Il n'est jamais évident de prendre le relais de tels géants. Et pourtant, Sébastien Bazin a su impulser un nouveau souffle au groupe ACCOR en l'inscrivant dans une démarche de développement durable conforme aux nouvelles aspirations de notre société. Geste fort et hautement convaincant, il a recruté Brune Poirson comme directrice du développement du groupe. Pouvait-on faire mieux ? Les salariés du groupe sont embarqués dans l'aventure !

Florence Liger Tourres, VP Marketing segment économique et super-économique Accor Europe du sud, vient présenter la dernière innovation d'Accor.

Le groupe Accor, déjà fort de ses cinq mille hôtels environ dans le monde, a créé une nouvelle marque : GREET ACCOR. La marque devient adjectif qualificatif du concept d'hôtel, les clients sont des greeters. Elle affiche la couleur : « Les hôtels greet accueillent ceux qui cherchent un sens dans leurs achats, leurs relations et leurs façons de vivre. Tous les jours, ils contribuent à rendre notre monde meilleur, grâce aux greeters, une communauté engagée localement. Be greet ! ». Toutes les grandes villes en France proposent un Greet hôtel.

Tout d'abord, il y a eu cette étude menée avec Opinion Way sur la perception des initiatives responsables au sein des établissements hôteliers. Elle révèle en mai dernier que parmi les Français sondés,

- 69 % jugent prioritaires la lutte contre le gaspillage alimentaire,
- 64 % l'approvisionnement local des produits alimentaires de l'hôtel,
- 48 % le recyclage des déchets
- 38 % le choix de matériaux durables dans la construction de l'hôtel.
- De surcroît, 83 % se disent prêts à résider dans un hôtel qui utilise du mobilier et de la décoration recyclée.

Dont Acte ! ACCOR a créé la chaîne hôtelière GREET HOTEL qui répond à l'ensemble de ces critères jugés majoritairement prioritaires par les consommateurs. C'est une tendance dans l'air du temps comme on dit, qui séduit particulièrement les jeunes, d'autant plus que, cerise sur le gâteau, la marque propose des prix de nuitées tout à fait abordables. Belle réussite ! Belle innovation au sein du groupe Accor. Florence Liger Tourres communique dans les médias : « Les hôtels greet répondent à une prise de conscience : un besoin de s'engager dans le développement durable qu'il soit écologique ou sociétal. Accor a souhaité à travers cette marque **lancer un mouvement d'hospitalité positive et circulaire** grâce à une démarche de seconde vie ». Et elle ajoute : « **Les hôtels greet fonctionnent selon un cercle vertueux RRR (réduction, réutilisation, recyclage). Aussi l'upcycling est-il l'un des piliers fondateurs des hôtels, et chacun est équipé de mobilier de seconde main ou recyclé. »**

La difficulté quand on est leader dans un secteur économique, ou tout autre d'ailleurs, c'est de conserver la première place. ACCOR a toujours su coller au plus juste aux transformations qui traversent nos sociétés. Son sens de l'innovation est impressionnant. Or, aujourd'hui, ACCOR, dirigée par un financier avisé, sait que la réussite tient à la mise en place d'un véritable développement durable, ou l'upcycling tient une place majeure. Preuve s'il en est encore besoin, que ce modèle économique garantit une augmentation de la productivité d'une entreprise, petite, moyenne, ou grande.

- **La filière de l'Ameublement Français s'empare de l'upcycling**.

L'ameublement se trouve de fait au carrefour des acteurs de l'économie circulaire, de la RSE et du design. Cette articulation a permis **la création du CLUB UPER's, l'ameublement circulaire, un collectif professionnel fort, dont la mission consiste à structurer et soutenir le développement de l'upcycling dans l'ameublement.**

Fabrice Poncet, porte-parole du **CLUB UPER'S** est venu témoigner au festival de l'importance de ce mouvement dans la filière Ameublement français, né il y a un peu plus de dix-mois au moment de l'intervention de Fabrice en 2021. « Nous sommes des entrepreneurs engagés dans une économie respectueuse des personnes et de notre environnement. Au cœur de nos pratiques, nous plaçons l'économie circulaire, le Beau, le design, l'usage, le social et l'inclusion. Le mouvement des UPER's travaille en réseau et contribue au développement de l'ameublement français. »

La filière de l'Ameublement français, c'est 40 000 personnes réparties dans 350 entreprises, des petites structures et de grands groupes. Au sein de l'organisation syndicale professionnelle a émergé peu à peu la question du réemploi de la matière, alors même que le recyclage est pratiqué depuis fort longtemps, puisque les panneaux du laminé sont issus en grande partie du recyclage, mais il est souhaitable aujourd'hui de mettre en place des boucles plus courtes qui passent par une utilisation de la matière sans la détruire. **Des structures du type startup, ou société d'économie sociale et solidaire nous ont rejoints au sein du syndicat. Elles ont des approches nouvelles, circulaires, de la fabrication du mobilier**. Le surcyclage permet de créer de nouvelles pièces d'ameublement à partir de déchets d'ameublement. Un gisement de matières nécessite de faire appel au design car il faut faire du beau, du nouveau avec de l'ancien. La notion de beau est essentielle dans l'ameublement.

Il est nécessaire d'avoir d'une manière générale une approche plus globale de la manière dont on traite l'habitat et notre cadre de vie. On fait trop des maisons d'un côté, avec de l'aménagement d'un autre côté, et des meubles encore d'un autre côté, voire même de la décoration. **Au sein du CLUB UPER's on pense qu'il faut réfléchir à la manière dont on peut vivre mieux dans nos intérieurs, et travailler sur une logique plus globale de cadre de vie. La logique du CLUB UPER's s'inscrit dans cette logique et dans une boucle d'économie circulaire.**

Les principaux objectifs du club UPER's sont :

- Créer des synergies entre les membres ;
- Mettre en réseau au sein de l'Ameublement français ;
- Créer des collectifs pour répondre à des marchés ;
- Monter des programmes de Recherche & Développement ;
- Concevoir des outils de communication ;
- Gérer une coordination de label.

Et pour bien comprendre la grande motivation du **CLUB UPER's** à transformer la filière de l'ameublement dans une boucle d'économie circulaire, rien de mieux que quelques *Paroles d'UPER's* :

« Nous sommes des faiseurs ; ils agissent individuellement et collectivement notamment dans 6 objectifs de Développement durable de l'ONU »

« C'est un réseau de producteurs partageant une vision et un savoir-faire, non pas une seule société, mais une réelle communauté de recycleurs, surcycleurs, créateurs, aptes à répondre aux attentes de notre temps : consommer mieux, de manière plus vertueuse, localement, tout en se faisant plaisir par le design. »

L'intervention de Fabrice Poncet nous renvoie à la question de l'aménagement des espaces, secteur que se remet également en question.

- **L'Upcycling appliqué aux aménagements d'espaces**

L'association LA NOUVELLE MINE est implantée à Gréasque, dans les Bouches du Rhône, en plein cœur de l'ancien bassin minier de Provence, entre Marseille et Aix en Provence.

Elle invite les organisations publiques ou privées à venir organiser des rencontres ou des ateliers sur les thèmes de la création et du développement durable dans son grand plateau de 450 M². Elle offre aux artistes et créateurs un espace outillé, pour mener à bien un projet, tout en utilisant **sa matériauthèque**. Voilà un joli mot, qui montre combien on se soucie aujourd'hui de collecter les matériaux, comme il existe des conservatoires de plantes, de cépages de vignes par exemple.

Sa fondatrice, **Linda Ecalle**, est une artiste engagée dans l'économie circulaire depuis plusieurs années, notamment dans sa dimension sociale et solidaire. **Après plus de douze ans dans l'accompagnement de projets artistiques participatifs, elle expérimente de nouvelles manières de revaloriser des matières, des espaces et des projets en favorisant le réemploi et l'intelligence collective par la création design et artistique, et par l'aménagement**

participatif d'espaces. Elle favorise également l'animation d'ateliers, de stages et de formations upcycling, ainsi que d'autres actions de sensibilisation au développement durable de manière créative comme les *Défis foyers zéro déchet.* Membre fondatrice de « The Remakery » à Londres, plateforme d'upcycling lancée en 2012, de retour en Provence, elle crée **LA NOUVELLE MINE** en mars 2016. **L'association développe ses activités autour de la création upcyclée, du zéro déchet, du réemploi, et de l'anti-gaspi**.

« La créativité, l'esprit positif et la joie guident mes pas. Le développement personnel, la spiritualité m'accompagnent et je crois en la responsabilité et aux pouvoirs créateurs de chacun. C'est en travaillant d'abord sur soi que l'on peut agir de manière plus juste sur son environnement au sens large. La Nouvelle Mine a été créée à cette image pour creuser de nouvelles galeries en chacun de nous », expose Linda Ecalle sur sa page LinkedIn.

La Nouvelle Mine et ses partenaires **Soremis et Lemontri**, ont présenté au festival en 2021, les particularités de la démarche de réemploi et d'upcycling appliquées aux aménagements d'espaces surcyclés. Elles témoignent que de plus en plus de structures morales souhaitent faire réaliser des aménagements d'espace à la fois singuliers et capables de limiter leur impact sur l'environnement.

Tous ces exemples, tous ces témoignages à l'Upcycling Festival apportent un éclairage global de la transformation de notre société en proie à la destruction des ressources de la planète. Le Village des Antiquaires de la Gare, à l'Isle sur la Sorgue, est à lui seul une mine de recyclage des idées sociétales et économiques. Nous sommes partis du bel objet d'exception, de l'objet rebut auquel des créateurs redonnent une seconde vie pour élargir la réflexion au sein des conférences, des tables rondes, des expositions à la notion d'économie circulaire, avec ses dimensions intrinsèques d'économie sociale et solidaire. **Finalement, ce concept de seconde vie des objets de notre vie quotidienne, porte en lui le projet visionnaire d'une autre société du zéro déchet, où chacun peut vivre décemment grâce à une économie qui ne se veut plus seulement productive de richesses, de performances, mais de bien-être des populations, sans rebut humain**. Formidable projet de société ! Il est en marche, nous pouvons y croire. Mais comme nous l'a rappelé Brune Poirson « Nous ne sommes qu'au début du chemin ».

5 – La fabuleuse histoire du SLIP FRANÇAIS

Le SLIP FRANÇAIS a été créé le 1er janvier 2011 par Guillaume Gibault. La société distribue principalement en ligne des sous-vêtements et des accessoires. En s'engageant dans le nouveau modèle économique circulaire et industriel, elle a un développement spectaculaire. En juillet 2020, l'entreprise adopte de statut d'entreprise à mission, inscrivant sa mission d'impact social et environnemental dans ses statuts. **Quelle est la définition de sa mission : le panache, ni plus ni moins. Réinventer avec panache l'industrie textile française !**

Guillaume Gibault s'explique dans le rapport de la mission de son entreprise : « Fidèle à l'esprit français d'ouverture et d'audace, la société n'a de cesse, depuis sa création, de réinventer avec panache l'industrie textile française dans ses codes et ses valeurs. La société s'engage à l'égard et avec des partenaires à construire une industrie textile plus juste, plus innovante, agile et riche d'un écosystème créatif et actif.

Somme de contrainte, **l'entreprise à mission se donne comme raison d'être de concilier l'inconciliable, de faire rimer performance économique, impact sociétal et impact environnemental**. Ou comment viser à construire un monde plus juste et plus durable tout en étant responsable chaque jour de la pérennité économique de l'entreprise, de ses emplois.

C'est là pour moi toute la question de ce monde d'après Covid : comment mettre l'entreprise au service du bien commun quand l'évaluation de sa performance est, aujourd'hui encore, portée presque exclusivement par des indicateurs et objectifs économiques ?

(...) C'est tout l'enjeu de l'entreprise à mission, **d'ouvrir la voie**, de montrer le chemin de la difficile conciliation des (im)possibles.

(...) Aujourd'hui **le contexte économique mondial prouve la thèse du circuit court et notre intuition du local** : d'une part, quand tous les coûts à l'import augmentent (hausse des coûts du travail, des coûts des matières premières, des coûts de transport, de l'énergie...), **le Made in France redevient compétitif** et d'autre part le grand public, nous tous, sommes de plus en plus attentifs à l'origine et aux conditions de fabrication de nos produits. Dans ce changement de paradigme, au-delà de notre cas particulier, encore et toujours, ce qui m'anime, du Slip Français et de sa mission, c'est bien **sa valeur d'exemple**.

(...) 10 objectifs font partie intégrante de la feuille de route de la mission de notre entreprise et de notre ambition pour l'avenir et pour les 110 prochaines années, nous comptons bien la porter plus haut et toujours plus fort en incarnant un nouvel entreprenariat français à l'impact positif. »

La mission repose sur 3 piliers, 10 objectifs et 15 indicateurs :

- **Pilier 1 : produits – Innover pour l'écoconception**

« Fabriquer des vêtements honnêtes »

- **1 Retracer le cycle de vie de nos produits** (réalisation d'une cartographie éco-conception, identifier et prendre en compte les impacts environnementaux dans le cycle de vie d'un produit)

- **2 Proposer un vestiaire de produits permanents de qualité** (mise en place d'une démarche amélioration qualité produit)

- **3 Agir pour un sourcing alternatif** (part de matières responsables dans les volumes achetés). L'impact majeur sur l'environnement provient des matières et de leur transformation. Le SLIP FRANÇAIS souhaite s'engager sur un sourcing encore plus responsable avec l'objectif de 75 % de matières locales, biocentrées ou recyclées d'ici 2023.

- **4 Mettre au point la fibre de demain** (projet *Mon Coton* en cours). **Il est nécessaire de repenser la manière dont fonctionne la chaîne de fabrication. Il faut la métamorphoser pour passer d'une logique de production linéaire qui détruit les ressources à une vraie économie circulaire et vertueuse qui les réutilise pour les valoriser.** Le SLIP FRANÇAIS s'est **uni avec 1803** pour produire une mode circulaire avec le projet *Mon Coton*, soutenu par Re-Fashion. Il s'agit de développer de nouvelles techniques de recyclage du coton, afin d'obtenir un fil suffisamment fin et qualitatif pour le réinjecter dans la chaîne de valeur de la société.

- **Pilier 2 : Promouvoir une mode éthique et responsable qui limite son impact écologique. Ce pilier se réfère aux usages de l'entreprise.**

- **5 Mesurer nos émissions carbone.** Promouvoir une mode éthique et responsable c'est limiter son impact écologique. En 2021, la société s'engage à mesurer son bilan carbone et à agir concrètement pour limiter les émissions identifiées, en signant le « *Climate Act* » avec 297 autres marques.

- **6 Optimiser la gestion de nos stocks** (taux de remise). Produire au plus juste pour écouler l'ensemble des stocks.

- **7 Sensibiliser aux coûts d'un produit textile** (part de familles de produits faisant l'objet d'une décomposition des prix – base CA). L'entreprise tente à travers ses communications de toutes sortes sur les réseaux sociaux de sensibiliser au juste prix d'un vêtement ainsi qu'à son impact. Comprendre les multiples étapes du cycle de vie d'un vêtement permet de prendre conscience des efforts réalisés par Le SLIP FRANÇAIS pour une production plus locale qui limite son impact social et environnemental.

• **Pilier 3 : L'Ecosystème – Valoriser les savoir-faire et le panache entrepreneurial français**

« Fidèles à un esprit français d'ouverture et d'audace, nous voulons mettre en lumière la richesse culturelle et la diversité qui nous entourent et stimuler toutes les créativités. Nous voulons montrer le chemin. Nous voulons que nos succès et nos pratiques inspirent d'autres marques, petites et grandes, que même nos erreurs leur montrent comment les éviter. Notre croissance n'est pas une fin en soi mais la preuve de la justesse de notre combat et le moyen de le mener plus loin », précise Guillaume Gibault.

- **Construire un réseau de fabrication locale** (création d'emplois directs, maintien ou création d'emplois indirects, part de la confection française dans les produits, part du tissage ou tricotage français dans les métrages produits par LSF, nombre d'adhérents Façon de Faire (FDF), nombre de mises en relation via la plateforme FDF). Un réseau de 29 fabricants partenaires est réparti partout en France, ce qui permet aux clients d'avoir toujours un atelier du SLIP FRANÇAIS à moins de 250 kms de chez eux.

Le SLIP FRANÇAIS a construit un écosystème qui regroupe des cultivateurs, des éleveurs, des fournisseurs de matières et d'accessoires, des filatures, des tricoteurs, des tisseurs, des enoblisseurs, des confectionneurs… et bien d'autres. Ils forment une communauté dont les vies sont liées et la vision est commune.

- **9 Innover avec nos façonniers pour des matières plus locales** (part de nos matières premières locales dans les volumes achetés). Après des décennies de délocalisations, Le SLIP FRANÇAIS souhaite innover avec ses façonniers en modernisant les outils et techniques de fabrication, en développant de nouvelles techniques de recyclage, grâce également aux innovations numériques et technologiques.

- **10 Façonner une mode solidaire** (nombre d'heures de mentorat à des acteurs innovants et/ou inclusifs de la filière, partenariat solidaire). **La Fabrique Nomade** est née de la rencontre avec **Inés Mesmar** qui débouche sur le désir d'enrichir le secteur textile en plein renouveau par l'apport de compétences des couturiers réfugiés et migrants régularisés et leur transmettre en retour les savoir-faire des ateliers français afin de réinventer ensemble une industrie textile sur un modèle durable, humain et ouvert.

Le SLIP FRANÇAIS est présent à la journée d'échanges et de rencontres des entrepreneurs professionnels des acteurs du l'upcycling, à Lyon, le 27 octobre. Gageons que sa feuille de route, construite comme le mode d'emploi du développement de l'industrialisation au sein d'une économie circulaire et solidaire, inspirera les participants.

L'ensemble des collectifs présentés ici, organisés par les filières ou des experts, crée une dynamique d'industrialisation inscrite dans le cadre d'une économie circulaire, avec de surcroît une dimension sociale et solidaire, en planifiant des rencontres des multi-acteurs de la filière, en créant des opportunités de synergie entre les membres, en facilitant des mises en réseau, en partageant facteurs et freins de réussite, ce qui marche et ce qui ne marche pas, en proposant un accompagnement dans le temps, à partir de formations diverses *ad hoc.* Ces plateformes activent toutes les ressorts de l'intelligence collective, avec persévérance et beaucoup d'énergie. Elle relève un défi formidable : réussir à transformer la société là où elle a échoué. Il est souhaitable qu'elles se développent dans tous les territoires.

6 – Upcycling et intelligence collective : deux moteurs à réaction nécessaires pour propulser une société circulaire et plus équitable.

Des ateliers artisanaux et artistiques aux entreprises nouvelle génération, et aux grandes entreprises engagées dans une économie circulaire, l'Upcycling Festival poursuit sa mission de visibilité et d'information en faisant intervenir les grandes filières professionnelles qui se sont fortement mobilisées.

La notion d'intelligence collective est depuis quelques années au cœur des champs du management des organisations, des sciences de l'information et de la communication, et de la psychologie. On en trouve donc un certain nombre de définitions inhérentes à chacun de ces domaines d'activité. Cependant, on retient de façon générale la définition de l'universitaire canadien, Pierre Lévy. L'intelligence collective est « une intelligence partout distribuée, sans cesse valorisée, coordonnée en temps réel, qui aboutit à une mobilisation effective des compétences ». Bien au-delà du concept théorique, l'intelligence collective renvoie à une organisation sociale efficiente, qui favorise la puissance de l'action plutôt que le pouvoir.

Voilà une acception qui convient parfaitement bien aux enjeux de l'économie circulaire. Elle suppose une interactivité constante entre les individus et leur environnement, technique, économique, social et écologique. Cette interactivité engendre nécessairement des modifications qu'il convient de contrôler en temps réel. L'expérience montre qu'elle fait émerger de manière significative une nouvelle forme de convivialité et une nouvelle éthique. Selon Pierre Levy, cité par le portail de l'intelligence collective, « le projet de l'intelligence collective consiste précisément à valoriser toute la diversité des connaissances, des compétences et des idées qui se trouvent dans une collectivité, et à organiser en un dialogue créatif et productif. La culture de l'intelligence collective travaille à établir de manière douce et pacifique un « multilogue » ouvert, qui est préférable aussi bien au cloisonnement et à l'isolement des intelligences, qu'à l'uniformité bien-pensante. ».

Conclusion

Tous les exemples présentés dans cet ouvrage, issus des témoignages concrets d'acteurs professionnels divers, et de créateurs, invités à venir partager leurs expériences de développement durable, ont mis l'accent sur « leur part » dans la transformation écologique plus que jamais urgente.

L'Upcyclcling Festival a ce mérite de donner une vision d'ensemble, ce qui modifie les perceptions du public de façon constructive. Dans le concert des échanges, des témoignages de startups à vocation industrielle et des grands groupes, des démonstrations dans les stands des créateurs, l'idée s'affirme que, d'une façon générale, une nouvelle révolution industrielle a été initialisée. L'écologie circulaire, puise dans la puissance de ses deux moteurs que sont l'upcycling et l'intelligence collective, et ourdit jour après jour une révolution silencieuse, bienveillante, pour le bien de tous et celui de la planète en burnout.

La persévérance est payante, on peut remercier les porteurs de cette révolution silencieuse, Brune Poirson en tête, les journalistes comme Teddy Follenfant qui aiment le poil à gratter la pensée confortable, les organisateurs d'événements comme Jacques Chalvin et ses équipes qui savent donner du sens à l'événementiel. Merci aussi à tous ceux qui ont eu le courage de s'y engager, créateurs, ateliers, associations, collectifs, collectivités locales, startups nouvelle génération, grands groupes industriels et ministères divers. **Le temps de la transformation écologique joue contre la montre.** Il faut accélérer le mouvement de transformation par des actions fortes et structurantes, comme le préconise VEOLIA.

Aujourd'hui, il y a ceux qui développent l'intelligence artificielle pour essayer d'embarquer un jour pour une autre planète. Sauve qui peut ! Il n'y aura pas de place pour les 9 milliards d'habitants que nous serons bientôt. Et il y a ceux qui ne baissent pas les bras et se battent sur le terrain, dans leurs territoires. Ceux-là mobilisent l'intelligence collective. Chacun à son niveau car il n'y pas de hiérarchie des rôles sociaux dans ce modèle économique. Chacun fait sa part, sans hiérarchie de la valeur de la part des uns et des autres. Consommer mieux, produire mieux, abandonner le linéaire au profit du circulaire. Communiquer, accompagner, créer des réseaux, partager les avancées comme les échecs. Toute une autre manière de vivre en harmonie, sur une planète libérée de l'hubris de la puissance des humains.

Après avoir produit une belle dynamique locale, dans le sud de la France, les organisateurs de l'Upcycling Festival ont le plaisir de répondre à la demande de nombreux participants en créant **une Plateforme communautaire de l'Upcycling** qui va voir le jour fin octobre 2022 à la journée des rencontres du SUMMIT FESTIVAL à Lyon.

La Plateforme communautaire de l'Upcycling se donne pour mission d'accompagner le passage de l'artisanat à l'industrialisation, en augmentant les volumes de production, pour avoir un réel impact environnemental. Elle a pour action de référencer tous les acteurs de filières, de créer du lien entre eux, de proposer des échanges, des rencontres, des recommandations et des mises en relation professionnelle. Elle ne manquera pas de rendre visible les avancées majeures de la nouvelle révolution industrielle.

Table des matières

Liste des participants, exposants, conférenciers et partenaires des trois premières éditions de l'Upcycling Festival

EXPOSANTS		
2020	**2021**	**2022**
JPN Arts Lumières	JPN Arts Lumières	Le Sac de Noeuds
Carton Noir	ARTJL	ATELIER 926
Bijouseat	Atelier POUPE	La Maison L'Isloise
Vincent Girard	PLANETE MAISON	Adeline Dutel
Rodolphe Fayault	Les Christianes	LE FIL D'APOLLINE
La Maison en Carton	La Filaventure Brun De Vian Tiran	SILIBILIZ
Titou Vergier	Adeline Dutel	JPN Arts Lumières
Matière Première L'Atelier	Le Sac de Noeuds	Loriot Christelle
Les Petites Choses	La Maison isloise	Les cousardes

Atelier Epok	HFD Création	Mix Urbain
Charles Behrlé	Atelier Cribili	Décharge ta Colère (exposition photos)
Joe Palette & Co	Augré France	
2L Créations		
Anima Méa		
Brun de Van-Tiran		
Sarra Sarrita		
Cagole Nomade		
Le Bonnet Recyclé		
PARTENAIRES		
2020	**2021**	**2022**
Lab Event Factory	Lab Event Factory	Lab Event Factory
Village des Antiquaires de la Gare	Village des Antiquaires de la Gare	Village des Antiquaires de la Gare
Le Bel Héritage	Le Bel Héritage	Le Bel Héritage
Isle sur la sorgue Tourisme	Isle sur la sorgue Tourisme	Isle sur la sorgue Tourisme
Isle sur la Sorgue Village Monde	Isle sur la Sorgue Village Monde	Isle sur la Sorgue Village Monde
RCF	RCF	RCF
	Crédit Agricole	Unitex
	Unitex	Greet (Accord)
	UIT	Carbios
	L'Ameublement Français	Systnaps
	Smart Textil & Garments	The Good Good
	Sequa	Mag2Lyon
	Commission Européenne	RCF
	La Nouvelle Mine	Antoine Laymond Designer
		La Nouvelle Mine

CONFERENCES		
2020	**2021**	**2022**
Brune Poirson	Le Bon Coin	Collectif StartUps Industrielles France
Unitex	Fondation Crédit Agricole	Fondation Terres d'Initiatives Solidaires - Suez ARA
La Manufacture Brun de Van-Tiran	Crédit Agricole	Systnaps
Ictyos	Fashion Green Hub	L'Unique Façon
Carton noir	Mairie de l'Isle Sur La Sorgue	Uptrade
2L Créations	Patrimoine Vert	Le Slip Français
Bijouseat	Brun de Vian-Tiran	Unitex
Paolo Cari	Besight	Greet - Accor
La Nouvelle Mine	Biom	Dizy
Office d'Eco	Club Uper's	Kataba
Atelier Saravine	UIT	Propice
Les Petites Choses	UNITEX	Unisoap
	Antoine Laymond Designer	Gattefossé
	La Nouvelle Mine	Nona Source - LVMH
	Sorenis	Décathlon
		La Virgule
		7PLIS
		Mineka
		A4MT
		Mobius
		Reuseat
		Lich'N
Interviews		
2020	**2021**	**2022**
-	Make Sens	Feat.coop
	Swap Chic	Designer Produit

	Sandrine Meneut	Alpes Cambium
	Julien Cohen	Estampille
	Resap Paris	Osez Nu
	Grace de Montegnac	Green Couture
	La Redoute	Global Beauty Consulting
	La Jaquette	Culo
	Rive Droite Paris	Maximum
	La Filaventure	Lilokawa
	Upcybom	Drapop
	La Recyclerie	The House of Upcycling
	Bilum	Upcycling is kein Hobby
	Adapta	Design Engagé
	Uptrade	
	Louise Marcaud	
	Les 3 ÉCO	
	Clash Concept	
	Triathlon de La Mode Ethique	
	Vale Sens	
	Loom	
	Jam Vision	
	Redonner	
	Fask Academy	
	Revibe	
	Alinfini	
	Click Dive	
	Fil & Fab	
	Le Bonnet Français	
Performances et Ateliers		
2020	**2021**	**2022**

Maria Delacour		
Isabelle Blondel		
Charlie Martel		
La Maison en Carton		
Les Petites Choses		
Visite guidée Villa Datris		

Sources documentaires

Rapport annuel de FEDEREC (Syndicat Professionnel des Entreprises du Recyclage)

Rapport UNESCO et ONG Solidarités Internationales, doc.unesco.org

SDES, Service des Données et Etudes statistiques : Rapport 2019 sur la production des déchets en 2018

National Geographic, Le plastique en 10 chiffres

Cour des Comptes, recyclage du plastique AFP 27 septembre 2022

Salvo in Germany, Reiner Pilz, SalvoNews, 11 octobre 1994

Consoglobe.com, Upcycling, rien de se perd, tout se transforme, 4 av 2016

ADEME, Agence de la transition écologique, ademe.fr

Commission européenne, Directive 2008/98/CE relative aux déchets, eur-lex.europa.eu

Think Tank Circular economy, Rapport du 21 janvier 2020

Les Echos 31 mars 2022, Commission européenne, critères de réparabilité et de durabilité des produits vendus

FREC, Feuille de route de l'Economie circulaire, février 2019

Brune Poirson, LinkedIn : #loiAGEC

Ecologie.gouv.fr / loi anti-gaspillage pour une économie circulaire

Ministère de la Transition Ecologique, ecologie.gouv.fr

Ministère chargé de l'Industrie, Rapport Startups industrielles, igf.finances.gouv.fr, 1 septembre 2021

Collectif Startups Industrielles France, Manifeste, csi-france.fr
INEC, Institut National de l'économie circulaire
NOVETHIC, 31 août 2017, université du MEDEF, JL Chaussade, SUEZ-
NOVETHIC, 19 novembre 2018, 33 grandes entreprises s'engagent en faveur de l'économie circulaire
NOVETHIC, 23 janvier 2020, consommation mondiale de matériaux
NOVETHIC, 21 janvier 2022, la France un eldorado de l'économie circulaire
Manifeste de VOLIA, veolia.fr
SNCF, sncf.com/développement durable, engagement pour la planète
LVMH/WETURN,lvmh.fr/groupe/engagements/societe-environnement/life-360-lvmh/ 24 juin 2021
Groupe ACCOR, GREET HOTEL, all.accor.com
LE SLIP FRANÇAIS, Rapport Une mission sur mesure, leslipfancais.fr
Site recyclage-ooreka.fr
FashionNetWork.com, Upcycling, les marques face aux défis d'un nouveau modèle, 26 avril 2021
Ictyos.fr
Unitex.fr
Fashiongeenhub.org
Ameublement français, Club Upper's, ameublement.com
Atelier Cribili , instagram.fr
lesacdenoeuds.fr
sauvage-med.fr
artjl.fr
lanouvellemine.fr

Ouvrages parus

Collection Antidote(s)

Depuis 2012, Antidote(s) donne des coups de projecteur sur une réalité sociale, économique, politique et culturelle en mutation, actuellement de plus en plus rapide, avec des auteurs qui ouvrent des clairières nouvelles grâce à leur intelligence des choses du monde comme il va. Traverser les crises dans le mouvement de la vie, telle est la ligne éditoriale de la collection Antidote(s).

- Laurent Hincker, *Le harcèlement moral, Une guerre qui ne dit pas son nom,*
novembre 2012.
- Patrice Haberer, *Mots sauvages, La forêt dernier refuge du sauvage*, octobre 2013.
- Patrick Aïch, *Grandir entre deux cultures, Une bille de terre contre une bille de*
verre, avril 2013.
- Procureur Patrick Poirret, *Le Téléphone de Grand Danger, Un téléphone pour*
sauver la vie des femmes, décembre 2013.
- Richard Hellbrunn, *A poings nommés, Genèse de la psychoboxe*, avril 2014.
- Zaïr Kedadouche, *Citoyens contre le racisme et les discriminations*, juin 2014.
- Jean-Claude Genot, *Playdoyer pour une nouvelle écologie de la nature*, décembre 2014.

- Michèle Larchez et Nicolas Engels-Larchez, *Parcours avec autisme(s)*, mars 2015.
- Sous la direction de Richard Hellbrunn, *Au vif de la violence*, mai 2015.
- Luc Missoum, *L'image de guerre à quel prix ? Sur les traces du grand reporter*
Karim Baïla, novembre 2015.
- Bouchta Saïdoun, *Je voulais devenir un homme*, février 2017.
- Laurent Hincker, *Le harcèlement moral dans la vie privée, Comprendre la loi pour mieux la faire appliquer*, mai 2017 (nouvelle édition).
- Jean-Claude Genot, *Nature, le réveil du sauvage*, novembre 2017.
- Evelyne Chabrot et Bénédicte de Cibon, *Ils ont osé réussir, témoignages singuliers,* décembre 2017.
- Jean-Claude Genot, *Voyages d'un écologue*, janvier 2019.
- Pierre-Michel Kaufmann et Henry Lang, *Paul Dubrule et Gérard Pélisson,*
affrontements et complicité, mars 2019.
- Bénédicte Costedoat-Lamarque, *Le burn-out, une opportunité de transformation intérieure*, juin 2019.
- Sylvain Moraillon, *Je voulais juste écrire des chansons...*, juillet 2020.
- Jean-Michel Arnaud, *La puissance du DUO, entre hyperindividualisme et tout-*
collectif, mai 2021

Structures éditoriales du groupe L'Harmattan

L'Harmattan Italie
Via degli Artisti, 15
10124 Torino
harmattan.italia@gmail.com

L'Harmattan Hongrie
Kossuth l. u. 14-16.
1053 Budapest
harmattan@harmattan.hu

L'Harmattan Sénégal
10 VDN en face Mermoz
BP 45034 Dakar-Fann
senharmattan@gmail.com

L'Harmattan Cameroun
TSINGA/FECAFOOT
BP 11486 Yaoundé
inkoukam@gmail.com

L'Harmattan Burkina Faso
Achille Somé – tengnule@hotmail.fr

L'Harmattan Guinée
Almamya, rue KA 028 OKB Agency
BP 3470 Conakry
harmattanguinee@yahoo.fr

L'Harmattan RDC
185, avenue Nyangwe
Commune de Lingwala – Kinshasa
matangilamusadila@yahoo.fr

L'Harmattan Congo
219, avenue Nelson Mandela
BP 2874 Brazzaville
harmattan.congo@yahoo.fr

L'Harmattan Mali
ACI 2000 - Immeuble Mgr Jean Marie Cisse
Bureau 10
BP 145 Bamako-Mali
mali@harmattan.fr

L'Harmattan Togo
Djidjole – Lomé
Maison Amela
face EPP BATOME
ddamela@aol.com

L'Harmattan Côte d'Ivoire
Résidence Karl – Cité des Arts
Abidjan-Cocody
03 BP 1588 Abidjan
espace_harmattan.ci@hotmail.fr

Nos librairies en France

Librairie internationale
16, rue des Écoles
75005 Paris
librairie.internationale@harmattan.fr
01 40 46 79 11
www.librairieharmattan.com

Librairie des savoirs
21, rue des Écoles
75005 Paris
librairie.sh@harmattan.fr
01 46 34 13 71
www.librairieharmattansh.com

Librairie Le Lucernaire
53, rue Notre-Dame-des-Champs
75006 Paris
librairie@lucernaire.fr
01 42 22 67 13

www.ingramcontent.com/pod-product-compliance
Lightning Source LLC
LaVergne TN
LVHW051401061026
849535LV00009B/3300
* 9 7 8 2 1 4 0 3 0 2 7 6 3 *